OFFENE TÜREN: FEIERN MIT MENSCHEN AUF DER SUCHE NACH GOTT

Gunda Brüske

Offene Türen: Feiern mit Menschen auf der Suche nach Gott

Eine Arbeitshilfe zu niederschwelligen Gottesdiensten

Herausgegeben von den
Liturgischen Instituten
der deutschsprachigen Schweiz,
Deutschlands und Österreichs

Paulusverlag Freiburg Schweiz
2010

Bibliographische Information der Deutschen Bibliothek

Die Deutsche Bibliothek verzeichnet diese Publikation in der Deutschen Nationalbibliografie; detaillierte bibliografische Daten sind im Internet über http://dnb.ddb.de abrufbar.

Buchumschlag:
Gedenktag für verstorbene Kinder in der Offenen Kirche Elisabethen in Basel © Claude Giger

Die reprofertigen Dokumente wurden von den Herausgebern geliefert.

ISBN 978-3-7228-0787-4

Inhaltsverzeichnis

Vorwort

„Freude und Hoffnung, Trauer und Angst der Menschen von heute ... sind auch Freude und Hoffnung, Trauer und Angst der Jünger Christi“ (GS 1). Deshalb wird die Kirche immer wieder neue Wege beschreiten, die befreiende Botschaft Jesu zu artikulieren und sie auch mit Menschen zu teilen, die ihr nicht oder nicht mehr nahe stehen.

Bereits die programmatischen ersten Sätze der Texte des II. Vatikanischen Konzils (SC 1) machen deutlich, dass die Bischöfe hierbei den gottesdienstlichen Feiern viel zutrauten: „Das Heilige Konzil hat sich zum Ziel gesetzt, das christliche Leben unter den Gläubigen mehr und mehr zu vertiefen, ... zu fördern, was immer zur Einheit aller, die an Christus glauben, beitragen kann, und zu stärken, was immer helfen kann, alle in den Schoß der Kirche zu rufen. Darum hält es das Konzil auch in besonderer Weise für seine Aufgabe, sich um Erneuerung und Pflege der Liturgie zu sorgen.“ Indes war damals nicht abzusehen, dass schon kurze Zeit später viele Getaufte den Zugang zu den dichten rituellen Formen der Liturgie der Kirche aus den verschiedensten Gründen nicht mehr finden würden.

In vielen Pfarreien und Gemeinschaften ist man seit längerer Zeit genau hierauf aufmerksam. Nicht zuletzt durch das weit verbreitete Wegbrechen traditioneller Frömmigkeitsformen ist eine Lücke entstanden. Vielerorts werden stimmige rituelle Vollzüge gesucht, welche dazu einladen, „Gott“ nachzuspüren, ohne etwas vorauszusetzen, ohne Menschen zu vereinnahmen. Solche Prozesse sind in vollem Gang, und der Zeitpunkt für eine liturgiewissenschaftlich reflektierte Arbeitshilfe zu diesem Thema scheint günstig.

Die vorliegende Arbeitshilfe ist darauf angelegt, in der Vorbereitung und Durchführung solcher Feierformen deren Hinordnung auf das Wesentliche zu gewährleisten *(was)* und die Art und Weise des Feierns *(wie)* mit Sensibilität für die Adressaten daraus hervorgehen zu lassen. Sie richtet sich an jene – ob kirchlich Angestellte oder ehrenamtlich Engagierte –, die solche Feiern für Gottsuchende bereits anbieten oder aber planen. Sie ist so aufgebaut, dass man bei jedem Abschnitt einsteigen kann, oder zunächst die grau unterlegten Blöcke liest, oder sich von vorne nach hinten weiterarbeitet. Kleinere Wiederholungen und Verweise sollen das Lesen erleichtern.

Die Initiative für diese Arbeitshilfe ging vom Liturgischen Institut der deutschsprachigen Schweiz aus. Auf der Tagung „Liturgie im Gespräch: Feiern mit liturgisch Ungeübten“ vom 9./10. Februar 2009 wurden Teile des Manuskripts diskutiert. Allen, die dort ihre Anregungen eingebracht haben, sei an dieser Stelle aufrichtig gedankt.

Unser Dank geht auch an Gunda Brüske, Gerhard Wastl und Gregor Jansen, die bereit waren, ihre eigenen Erfahrungen mit offenen Feierformen zu dokumentieren. Beispielhaft kommt dadurch das breite Spektrum solcher Gottesdienste zum Ausdruck. Ganz besonders sei der Projektleiterin und Autorin Gunda Brüske gedankt. Andreas Krogmann schließlich gebührt unser Dank für die aufmerksame Schlussredaktion, die Drucklegung und die Umschlaggestaltung und dem Lektor, Hans Thomas, vom Paulusverlag für die sehr angenehme Zusammenarbeit.

P. Peter Spichtig OP
Liturgisches Institut der deutschsprachigen Schweiz

Prälat Dr. Eberhard Amon
Deutsches Liturgisches Institut

P. Winfried Bachler OSB
Österreichisches Liturgisches Institut

1. Einführung

1.1 Feiern mit Gottsuchenden – worum geht es?

1.1.1 Liturgie vor neuen Herausforderungen

> Wir brauchen in unseren Ortskirchen ‚Biotope des Glaubens', existentiell glaubwürdige ‚Lernfelder', in denen christliche Lebenshaltungen eingeübt werden können. Das werden vornehmlich unsere Pfarrgemeinden mit ihren Lebenszellen sein ... Aber wir müssen im Blick auf die ‚bunten' Lebenssituationen der Menschen uns vermutlich noch andere christliche ‚Milieu-Formen' in dieser postmodernen Gesellschaft einfallen lassen.
> ...Wir sind nicht nur für die ‚Hundertprozentigen' da. Wir sind es ja bekanntlich selbst nicht!
>
> *Bischof Joachim Wanke*

Die Feiern der Sakramente setzen nicht nur den Glauben an Gott voraus, sondern ein umfangreiches Glaubenswissen einschließlich liturgischer Verhaltensregeln und christlicher Inhalte. Dieses Glaubenswissen reicht vom Kopf bis zum Herz. Es ergreift und verwandelt den ganzen Menschen.

Doch dieses Glaubenswissen und die ihm entsprechende Kompetenz zum liturgischen Feiern kann nicht mehr bei allen ChristInnen vorausgesetzt werden. Bei Menschen, die Gott suchen, aber nicht mehr getauft und christlich sozialisiert sind, ist beides erst recht nicht zu erwarten.[1]

Gleichzeitig besteht ein hohes Interesse an rituellen Vollzügen, eine neue religiöse Offenheit und eine hohe ästhetische Sensibilität – gute Voraussetzungen eigentlich für die aktive Mitfeier der Liturgie. Damit ist die Schnittstelle benannt, an der sich seit einigen Jahren neue, offene Feierformen unterschiedlicher Art entwickelt haben: Sie setzen kein Wissen um liturgische Verhaltensregeln und christliche Inhalte voraus, vielmehr laden sie suchende Menschen ein, ohne diese zu vereinnahmen.

[1] Die Situation wurde durch die Sinus-Studie® in Deutschland 2007 untersucht. Die Studie arbeitet deskriptiv. Ob und wie damit Zukunftsaufgaben mit Hinblick auf in der katholischen Kirche nicht mehr vertretene Milieus beschrieben und gestaltet werden können, wird unterschiedlich beurteilt. Die Vorstellung der Sinus-Studie und eine Weiterführung im Hinblick auf Feiern mit Suchenden überschreitet das, was mit dieser *praxisorientierten Arbeitshilfe* beabsichtigt ist. Vgl. zum Thema: *Hinaus ins Weite. Gehversuche einer milieusensiblen Kirche.* Hg. von M. N. Ebertz und H. G. Hunstig. Würzburg 2008.

1.1.2 Namen für die neuen Feierformen

Für diese neuen Feierformen hat sich bislang noch kein eigener Begriff durchgesetzt. Es ist die Rede von:

- offenen Feierformen,
- Liturgie mit offenen Türen,
- liturgischen/gottesdienstlichen Inszenierungen,
- präkatechumenalen/katechumenalen Feiern,
- Feiern mit liturgisch Ungeübten,
- Feiern auf dem Weg zur Liturgie,
- vorliturgischen Feierformen,
- niederschwelligen Feiern/Gottesdiensten,
- Ritualen im Vorhof der Heiden,
- rituellen Experimenten,
- religiösen Feiern mit Kirchendistanzierten/kirchlich Fernstehenden.

> Selig die Ungeübten, sie werden Wunder erleben.
>
> *Anselm Burr*

Viele dieser Bezeichnungen verweisen auf einen Mangel, auf etwas, das die Teilnehmenden an diesen Feiern (noch) fehlt. Sie wirken negativ, manchmal sogar ausgrenzend. Das ist ihre Schwäche.

Ein gemeinsames Element haben aber fast alle diese Bezeichnungen: das Wort „Feier". Etwas zu feiern, geht mit Wertschätzung, Erwartung und Freude einher. Gleichzeitig rückt das Wort offene Gottesdienstformen in die Nähe der kirchlichen Liturgie, denn die ist immer Feier. Diese Übereinkunft im Wort „Feier" ist positiv zu werten. Gleichzeitig entstehen damit Unklarheiten:

- Auch jede normale liturgische Feier vollzieht sich mit offenen Türen, denn alle sind dazu eingeladen. Menschen außerhalb der Kerngemeinden können christliche Gottesdienste dennoch als einen ihnen verschlossenen Bereich empfinden.
- Offene Feierformen gibt es bereits innerhalb des Spektrums der üblichen pfarreilichen Gottesdienste: Wortgottesdienste, Kinder-Liturgien und vieles andere.

Die positiven Bezeichnungen „Feier" und „offen" sind also ungenau, und zwar gerade weil sie nicht ausgrenzen. Sie bringen nicht auf den Begriff, was neu oder anders ist bei offenen Feierformen.

Aus diesem begrifflichen Gegensatz könnte die Beibehaltung des Begriffs „Feier“ einerseits und die positive Beschreibung der Mitfeiernden als „Gottsuchende“ herausführen:

- Die Adressaten dieser neuen Gottesdienstformen suchen Gott als Kirchenferne, sie haben eine Erwartung an die Kirche, obwohl sie nicht einfach „Kirchenfans“ sind. Dieser Erwartung öffnen sich die Träger des jeweiligen Anlasses, um ihren Lebensfragen wie auch ihrer Kritik zu begegnen und um sich *mit* den Gottsuchenden zusammen von Gott beschenken zu lassen – und ihn zu feiern.
- „Feiern“ ist ein Tun, das nicht nur in der Kirche geübt wird. Es gehört zum Menschsein. Von den mit der Liturgie nicht oder wenig vertrauten Mitfeiernden wird grundsätzlich nichts erwartet oder verlangt, das sie nicht ohnehin schon kennen und können.

Das Dilemma bleibt allerdings auch dann, wenn man für die Adressaten ein positiv besetztes Wort wie „Gottsucherin“ oder „Gottsucher“, bzw. „Gottsuchende“ verwendet: Jede Christin und jeder Christ bleibt zeit seines Lebens ein Gott suchender Mensch (s. u. 1.2.1). Vielleicht ist es jedoch kein Mangel, sondern sogar ein Plus, wenn mit „Gottsuchenden“ ein Wort gefunden ist, das wirklich für alle Mitfeiernden zutrifft: die Träger des Anlasses, mitfeiernde ChristInnen, Menschen an den Rändern der Kirche oder solche, die sich selbst als „außenstehend“ oder „fernstehend“ oder „indifferent“ bezeichnen würden.

Diese Arbeitshilfe verwendet aus diesen Gründen überwiegend positive Ausdrücke wie „Feiern mit offenen Türen“ oder „Feiern mit Gottsuchenden“. Hinter diesen positiven Begriffen steht eine Haltung, die man auf Jesus zurückführen darf: „Jesus selbst hat seinen Glauben und seine Verkündigung nicht anders gelebt. Er wollte alle Menschen für ein Leben in der Freiheit des Glaubens gewinnen. Viele haben ermutigende Begegnungen mit ihm gehabt und daraus eine neue Zuversicht und neue Orientierung gewonnen.“[2]

1.1.3 Die Offenheit der Feiern

Gottesdienste mit Gottsuchenden als eine Einladung – dafür stehen die „offenen Türen“ – orientieren sich an den Adressaten in einer Weise, wie es bei den

[2] *„Zeit zur Aussaat“. Missionarisch Kirche sein.* Die deutschen Bischöfe. 26. November 2000. Hg. vom Sekretariat der Deutschen Bischofskonferenz. Bonn 2000, 27 (Hirtenschreiben und Erklärungen Nr. 68).

Feiern der Sakramente nicht und bei manchen Sakramentalien (wie z.B. dem Begräbnis) schwerer möglich ist, wenn man dem Auftrag zur Überlieferung des Glaubens im sakramentalen Tun vollumfänglich gerecht werden will. Mit dem Gott, der in den Sakramenten an den Menschen handelt, verbinden aber auch diese Feiern die Menschen. Sie tun es in anderer Weise, zum Beispiel als Einladung:

- Das Wort „Gott" neu zu buchstabieren,
- Erfahrungen mit Gebet und Stille zu sammeln,
- sich im Wort der Bibel oder im Segen von diesem Gott aufrichten und beschenken zu lassen,
- Urteile oder Vorurteile und Fremdheit gegenüber „der" Kirche durch das gemeinsame Feiern mit ChristInnen zu überwinden,
- einen behutsamen Versöhnungsweg mit der Kirche zu gehen,
- das Glaubenszeugnis anderer zu erwägen,
- Mitarbeitende der Kirche persönlich kennenzulernen.

Wenn Mitfeiernde auf solche Weise neue Erfahrungen sammeln, *können* Gottesdienste mit Gottsuchenden Feiern auf dem Weg zur Liturgie werden, also präkatechumenalen oder katechumenalen Charakter haben. Sie üben *vielleicht* das Sprechen zu Gott und das Hören neu ein, laden also zum Gebet ein. Gottesdienste mit Gottsuchenden *können* damit auch missionarisch wirken. Sie werden besonders stark in diesem Sinn wirken, wenn man mit Fulbert Steffensky sagen kann: „Mission heißt, zeigen, was man liebt. Was man liebt, das zeigt man, und hält es nicht in einem geheimen Winkel."[3]

> Könnte nicht Liturgie den, der das Du-sagen zu Gott verlernt, nicht eintrainiert oder für unmöglich erklärt hat, einweisen in die Erfahrung, dass Du-sagen möglich, ja sogar nötig ist?
>
> *Ulrich Willers*

Die Sprachform des Konjunktiv, des Könnens oder Wünschens, ist hier besonders wichtig: Nicht das menschliche Wollen, die Absichten der kirchlichen Träger entscheiden über das Gelingen dieses Weges – wie bei jedem anderen Gottesdienst auch. Sie können das nicht „leisten", und zwar aus theologischen, soziologischen und liturgiedidaktischen Gründen:

- Der zuerst und entscheidend Handelnde ist in allen Gottesdiensten Gott selber und nicht der Mensch.

---

[3] F. Steffensky, „*Der Seele Raum geben – Kirchen als Orte der Besinnung und Ermutigung*" in der unter gleichem Titel erschienenen Broschüre der EKD, Hannover 2003, 5–16 hier 13.

- Feiern mit Gottsuchenden sind punktuelle Stationen für Menschen der Noch- und Nachmoderne. Diese punktuellen Berührungen werden hoffentlich stark sein, aber für die Nachhaltigkeit der Erfahrung zu sorgen, kann unter heutigen gesellschaftlichen Bedingungen nicht allein den kirchlichen Trägern eines Feieranlasses zugelastet werden.
- Die Liturgie der Kirche ist oft so fremd, dass es viele und unterschiedliche Formen der Einübung braucht – nicht nur solche durch offene Gottesdienstformen.

Feiern mit Gottsuchenden sind also keine Leistung, deren Erfolg an der Zahl von Taufen oder Wiedereintritten in die Kirche oder an einem verstärkten Besuch der Sonntagsgottesdienste abgelesen werden kann. Immerhin gibt es Beispiele für beides, aber daraus kann keine Norm abgeleitet werden. Wenn Mission heißt, zeigen, was man liebt, entscheiden immer andere darüber, ob sie das auch für liebenswert halten.

In diesem Sinn gilt für einen Gottesdienst mit Gottsuchenden dasselbe wie von der kirchlichen Liturgie: Er ist zweckfrei, aber sinnvoll. Der Sinn der Liturgie ist Romano Guardini zufolge, dass die Seele vor Gott sei und ihr wahres und eigentliches Leben lebe.[4] Dieser Sinn der Liturgie, vor Gott zu sein und hier das eigentliche Leben zu finden und zu empfangen, das dürfte allerdings tatsächlich der religiösen Erwartung vieler Gott suchender Frauen und Männer entsprechen.

1.1.4 Wie „neu“ ist das Neue?

Doch wie neu sind „Feiern mit offenen Türen“ als „Gottesdienste mit Gottsuchenden“? Ist das nicht lediglich ein neues Etikett für ein Gefäß, das ohne besonderen Namen schon längst besteht? Das ist sicher auch der Fall! Viele kleinere Formen eines freien Mittags- oder Abendgebets, einer kirchenmusikalischen Matinee oder Soiree haben denselben offenen Charakter wie die Feiern, die in den letzten Jahren mit dem Anspruch auf Neues und Besonderes entstanden sind. Manche werden deshalb entdecken, dass sie schon lange tun, wovon im Folgenden die Rede ist! Neu ist der Anspruch, unter veränderten gesellschaftlichen Bedingungen einen Gottesdienst offener, an den Gästen orientierter Art anzubieten.

[4] Vgl. R. Guardini, *Vom Geist der Liturgie.* Taschenbuchausgabe Freiburg 1983, 97.

1.2 Adressaten der Feier

1.2.1 Gottsuchende innerhalb und außerhalb der Kirche

Nach der Ordensregel des hl. Benedikt öffnen sich die Klostertüren für jene, die wahrhaft Gott suchen.[5] Wenn sie eintreten wollen, wird von ihnen nicht gefordert, dass sie Gott schon gefunden haben. Und doch gibt es immer schon eine Spur des Gefundenhabens, denn ohne jede Ahnung von Gott und eine Sehnsucht nach ihm beginnt keine Suche!

In dieser Spannung zwischen einer Ahnung von Gott und der Suche nach ihm leben Glaubende ebenso wie suchende, fragende, frustrierte, trauernde, glückliche, sehnsüchtige, um Hoffnung und Zuspruch ringende Menschen am Rande oder außerhalb der Kirche(n). Das verbindet sie! Vielleicht schreiten die Glaubenden auf dem Weg ihrer Gottsuche schon sicherer als andere. Das mag sie unterscheiden – jedoch nicht wie Glaubende und Ungläubige, sondern eher wie Glaubende und „Halbgläubige" (Gianni Vattimo). Was die Glaubenden gefunden haben, was ihre Schritte sicherer macht, dürfen und können sie jenen schon irgendwie glaubenden Menschen zeigen, deren Suche aber mit bisher noch nicht erfüllten Erwartungen einhergeht. Und weil Glaubende selbst immer Suchende bleiben, gehören selbstverständlich auch sie zu den Adressaten offener Feiern.

> Liturgie in der fortgeschrittenen Moderne hat zielgruppendifferenziert bzw. zielgruppenorientiert, d.h. auch … adressatenorientiert zu sein.
>
> *Michael N. Ebertz*

Die nicht mehr kirchlich gebundenen Gottsuchenden sind also nicht identisch mit jedem auf der Straße anzutreffenden Menschen. Die Gotteswirklichkeit und damit auch die Suche nach Gott spielt heute für viele Menschen keine nennenswerte Rolle. Es dürfte ausgesprochen schwer sein, solche Menschen für ein im weitesten Sinn gottesdienstliches Angebot anzusprechen! Erwartungen von Einladenden oder von MitchristInnen, religiös und kirchlich gänzlich indifferente Menschen unter den Teilnehmenden zu finden, sollten deshalb auf ein realistisches Maß herabgestuft werden.

Bei Gottsuchenden dagegen glüht noch oder wieder ein Funke. Daher verlangen sie nach Brennmaterial und Sauerstoff: Sie erwarten neue, authentische

[5] Vgl. *Benediktsregel* 58,7.

und persönliche Antworten von ChristInnen, also nichts Billiges oder Anbiederndes. Sie lassen sich einladen und kommen als Gäste. Sie können und wollen kirchlichen Angeboten „auf Augenhöhe" begegnen. Auf kirchliche Vereinnahmung reagieren sie zu Recht empfindlich, besonders wenn sie enttäuschende Erfahrungen mit Kirche(n) oder einzelnen ChristInnen machen mussten. Sie wünschen sich, dass ihren Fragen, ihrer Kritik, ihrer Lebenswirklichkeit Raum gegeben wird, denn selbstverständlich möchten sie ernst genommen werden.

1.2.2 Biographie und Transzendenz

Fragen nach der menschlichen Existenz, von Freude und Leid, Leben und Tod, Freundschaft oder Partnerschaft und Verlassensein, Glücken und Misslingen erwachen besonders in biographischen Schwellensituationen. Gottessuche und eigene Biographie verdichten sich in solchen Momenten. Die Erwartung von „etwas", das über alle Vergänglichkeit hinaus in tiefere Schichten des Menschen reicht und gleichzeitig Himmel und Erde umspannt, erwacht als eine spirituelle Sehnsucht.

Gottsuchende hegen die Vermutung, dass ChristInnen auch heute noch um den Himmel und Erde umfassenden, transzendenten Gott wissen und ihrer Gotteserfahrung im Wort, Symbol und feiernden Handeln Ausdruck verleihen und andere daran teilhaben lassen.

> Die Menschen erwarten von den verschiedenen Religionen Antwort auf die ungelösten Rätsel des menschlichen Daseins ...: Was ist der Mensch? Was ist Sinn und Ziel dieses Lebens? ... Woher kommt das Leid, und welchen Sinn hat es? ... Und schließlich: Was ist jenes letzte und unsagbare Geheimnis unserer Existenz, aus dem wir kommen und wohin wir gehen?
>
> *Nostra Aetate Nr. 1*

Gottesdienstliche Feiern können und sollen der Erwartung, dem Geheimnis der menschlichen Existenz durch etwas jenseits dieser Existenz näherzukommen, entsprechen, zum Beispiel durch die Erfahrung der göttlichen Transzendenz im Raum des Sakralen. Feiern und Feste sind Gegenwelten zum Alltäglichen – insbesondere gottesdienstliche Feiern. Die Erwartung und vielleicht auch Erfahrung von göttlicher Transzendenz verknüpft sich deshalb auch mit rituell-liturgischen Handlungen.

Bei Feiern in der Situation von Leid und Tod wie Gottesdiensten in Katastrophenfällen, in der Trauer um einen Menschen wie beim Gedenken für totgeborene Kinder, in der Herausforderung, die leibliche Zerstörung eines Menschen durch eine Obduktion zu bewältigen wie beim Totengedächtnis eines Anatomiekurses, dürften biographische Motive im Vordergrund stehen. Offene Feiern werden zur rituellen Begleitung in schwierigen Lebenssituationen, was manchmal als „Ritendiakonie“ bezeichnet wird. In solchen Augenblicken stellen Menschen die Frage, ob die harte empirische Wirklichkeit alles ist, oder ob sie Gemeinschaft und Trost von „woanders her“ erleben dürfen, oder welche Hoffnung es für die Verstorbenen gibt.

So sehr der Dienst der Kirche in Zeiten des Leids geschätzt wird, so sehr gilt es jedoch im Blick zu behalten, dass Gottsuchende oder Kirchendistanzierte der Kirche nicht nur die Sorge um die Schattenseiten zuschreiben. Sie wünschen sich oft, dass die Kirche auch die positiven Seiten des Lebens stärker aufgreift, Lebensfreude ausstrahlt und den Dank und das Lob für die Schöpfung, für gelungene Partnerschaften, für den ganzen Reichtum der zwischenmenschlichen Beziehungen aufnimmt. Feiern mit Gottsuchenden kennen deshalb nicht nur traurige Anlässe!

1.2.3 Gottebenbildlichkeit befähigt

Die Öffnung auf Transzendenz beginnt mit den im letzten Abschnitt angesprochenen Fragen und Erwartungen. Vielleicht verstehen sich Gäste in offenen gottesdienstlichen Feiern dabei selber nicht als Gottsucherin oder Gottsucher. Wenn sich ihre Lebenssituation Ausdruck verschafft in Worten des Dankes und der Klage, des Gebets und der (Für-)Bitte, darf man aber fragen, an wen sich die Worte richten, ob sich hier nicht ein wenigstens implizites Gottesbewusstsein zeigt.

Bin ich
eine Harfe
in deiner Hand?

Stimme mich
auf deinen Ton,
spielender Gott.

Schon
schwinge ich
von deinem Atem,
der mich durchweht.

Greif in die Saiten
und ich bin
Gebet.

Margarethe Mehren

Wenn man von der Gottebenbildlichkeit jedes Menschen ausgeht, davon dass jeder Mensch von Gott mit unendlicher Würde ausgestattet ist, wird man sich nicht wundern, dass Menschen, die den Gott der jüdisch-christlichen Tradition nicht (mehr) kennen, dennoch latent oder in bestimmten Lebensprozessen danach verlangen, in ein Verhältnis zu diesem Gott zu treten. Die Gottebenbildlichkeit befähigt sie dazu, Gott zu antworten durch ihr Leben, aber auch durch Gebet oder rituelle Handlungen.

Vielleicht bleibt ihnen der spezifisch sakramentale Bereich (noch) verschlossen, zur Antwort Gott gegenüber sind sie gleichwohl ermächtigt und gerufen.

In den Feiern mit offenen Türen ist ein Raum eröffnet, diese Antwort durch elementare Akte wie hören, staunen, meditieren, danken, klagen, bitten, singen und anderes zu leben. Gottesdienste mit Gottsuchenden geben damit der Würde des Menschen Raum. Sie inszenieren jenen Dialog, der zwischen Gott als Schöpfer und dem Menschen als seinem Ebenbild immer schon begonnen hat.

1.2.4 Gäste nehmen aktiv (An-)teil!

Gottsuchende sind Gäste, aber sie sind keine Zuschauer, wenn die Feier ihrem religiösen Ausdrucksvermögen entsprechend profiliert ist. Sie werden zu Mitfeiernden, bestimmen jedoch den Grad ihres Mitfeierns, ihrer Teilnahme und Teilhabe immer selbst. Sie lassen sich „berühren [aber] nicht belehren".[6] Vielleicht bringt das Wort „mitgehen" auf den Punkt, was durch Gottesdienste mit Gottsuchenden geschehen kann: eine gespannte innere Aktivität, die sich sichtbaren äußeren Ausdruck verschaffen kann, aber nicht muss. Die Adressaten leben und erleben *auf ihre Weise* aktive, bewusste und fromme Teilnahme (vgl. Sacrosanctum Concilium Nr. 14 und öfter) am gottesdienstlichen Geschehen: Gerade ihr Wunsch nach biographischem Angesprochenwerden und nach Kommunikation über Gottesfragen im Medium der Feiern eröffnet die Chance aktiver Partizipation. Dies gilt erst recht, wenn im Feiern in ersten Schritten das gemeinschaftliche, gesprochene oder meditierende Gebet eingeübt wird, gesungen wird etc.

1.2.5 Adressatenprofile

Als Gottsucherin oder Gottsucher sind sie als Einzelpersonen in einer besonderen Lebenssituation im Blick und nicht als Pfarrei oder Gruppe innerhalb der Pfarrei. Es handelt sich in erster Linie um Erwachsene aller Altersstufen, aber auch um Jugendliche. Oft leben sie in Städten oder in den Agglomerationen, aber natürlich auch im ländlichen Raum. Sie nehmen mitunter längere Wege in Kauf, um einer Einladung zu einem offenen Gottesdienst zu folgen. Ob sie getauft sind oder nicht, ob sie kirchlich sozialisiert sind oder nicht,

[6] G. Jansen, St. Bazalka, F. Unterberger, *Bunt, laut und fromm. Kriterien gelingender Jugendgottesdienstpraxis in Wien*, in: BiLi 81. 2008, 211–215, hier 213.

welcher Konfession sie angehören, wie sie ihre Nähe oder Distanz zu Kirche(n) und Christentum selber verstehen, das alles tritt zurück hinter dem gemeinsamen Merkmal von sehr unterschiedlichen Erwartungen an die Kirche(n) auf dem Weg der Gottsuche. Es sind Menschen in „Halbdistanz“ (Detlef Pollack) zur Kirche und kaum Menschen, die gegenüber dem Christentum völlig indifferent sind.

„Passantenpastoral“

Man/frau ist ‚selektiv‘ religiös. … Man/frau ist ‚auf Zeit‘ religiös und womit diese Zeit gefüllt wird, ist Sache eigener Entscheidung. Solche religiösen ‚Passanten‘ behalten sich auch die Wahl bzw. die Abstufung von Nähe und Distanz zur (institutionalisierten) Religion selbst vor. …
Sie wollen Weisheit statt Dogma, Spiritualität statt Moral und suchen Sinn ohne doktrinäre Sinnsysteme.

Hans-Joachim Höhn

Bei vielen Teilnehmern an offenen gottesdienstlichen Feiern besteht die Erwartung, Kirche einmal „anders“ zu erleben. Die Andersheit kann stehen für „undogmatisch“ und „nicht morallastig“ oder, weniger negativ konnotiert, für „offen“ und „gesprächsbereit“. Die Erwartung ist legitim – viele ChristInnen werden sie auch fühlen.

Das Merkmal der Gottsuche unterscheidet die hier thematisierten offenen Feierformen von Familiengottesdiensten, Kasualgottesdiensten oder volksreligiösen Feieranlässen, bei denen oft auch nicht getaufte oder nicht kirchlich sozialisierte Menschen zugegen sind. Mit ökumenischen Gottesdiensten ist diesen Feiern gemeinsam, dass Partner aus konfessionsverbindenden Ehen bzw. Familien gemeinsam eingeladen sind. Doch das Anliegen ökumenischer Gottesdienste ist ein anderes als das von Feiern mit offenen Türen: Sie setzen in der Regel eine Beheimatung in der jeweiligen Konfessions-Kirche und das gemeinsame Ringen um die Einheit der Kirchen voraus. Damit sind sie nicht mehr „niederschwellig“.

Gottesdienste für Gottsuchende unterscheiden sich auch von multireligiösen Begegnungen: Im Zentrum steht in ihnen nicht das Gebet von Menschen unterschiedlicher Religion, sondern die Gottsuche, auf deren Weg die Vertreter anderer Religionen auf je ihre Weise bereits weiter fortgeschritten sind.

Die offenen Feiern können aber sehr wohl ein Ort für konfessions- und religionsverschiedene Partner auf dem gemeinsamen Weg der Gottsuche werden.

1.2.6 Allen alle Wünsche erfüllen?

Dennoch ist zu bedenken, dass nicht alle Wünsche oder Erwartungen durch gottesdienstliche Feiern beantwortet werden können: Manche erfordern diakonisches Handeln, andere eine theologische Auseinandersetzung oder sogar kirchenrechtliche Entscheidungen. So wird sich beispielsweise die Frage nach der Segnung einer Ehe von Wiederverheiratet-Geschiedenen oder einer homosexuellen Partnerschaft nicht allein durch eine neue Feierform beantworten lassen – was die Betroffenen in der Regel selber wissen.

„Getrennt, und dann ...“

Dieser gottesdienstlichen Inszenierung ging es nicht um eine moralische Bewertung der Trennung, sondern um die Möglichkeit, neue Lebenswege, Wege zum Weiterleben aufzuzeigen – ohne die Wunden zu verleugnen oder zu überspielen. Der biblisch begründete Glaube kündet von Befreiung, von Gottes Rettungshandeln und seinem bleibenden Zuspruch, und tut dies mit dem unverstellten Blick auf die Verantwortung des Menschen, die durchaus auch einschließt, dass er für eigene Schuld Verantwortung übernimmt und das dadurch entstandene Leid zu mindern versucht.

Bärbel Grote / Stephan Winter

Weil jeder Gottesdienst zuerst Gottes Dienst an den Menschen ist und weil sein Segen sich auf die ganze Schöpfung und die ganze Menschheit erstreckt (vgl. Katechismus der Katholischen Kirche Nr. 1078–1080) und grundsätzlich keinen Menschen ausschließt, kann und darf die Kirche bei dieser Art von Feiern offener sein als im Bereich der Sakramente. Dies gilt besonders, wenn Menschen wirklich Gott suchen und ihr Leben in seine Wirklichkeit hineinstellen möchten.[7]

Für neue, offene Feierformen heißt das: Eine Paarsegnung z.B. in einer Feier zum Valentinstag ist grundsätzlich möglich, weil der Bezug zum hl. Valentin die Verwechslung mit einer Trauung ausschließt. In der Frage, wie offen die Kirche in Feiern mit Gottsuchenden sein kann, muss für jeden einzelnen Anlass geprüft werden, ob das Eingehen auf die Wünsche der Adressaten mit der biblischen Botschaft und dem daraus resultierenden Auftrag der Kirche vereinbar ist.

[7] Vier Vorschläge macht: E. Nagel, *Segensfeier wenn eine Trauung nicht möglich ist?* In: Gd 39. 2005, 68.

1.3 Träger der Feier

Feiern mit Gottsuchenden werden von ChristInnen verschiedener Konfessionen getragen. Sie organisieren und leiten den Feieranlass.[8] Feiern mit offenen Türen sind kirchliche „Veranstaltungen“, und zwar nicht nur weil sie in einer Kirche stattfinden – was häufig der Fall ist, aber nicht zwingend erscheint (s. u. 2.2.3) –, sondern weil sie von Menschen organisiert und gestaltet werden, die sich in der Öffentlichkeit der Feier als Mitglieder einer Kirche zu erkennen geben und in einer dem Anlass entsprechenden Weise ihren christlichen Glauben vertreten.

> Solche Feiern brauchen ein kirchliches Subjekt, brauchen also getaufte Glieder der Kirche, die den Gottesdienst als christlichen Gottesdienst tragen und verantworten. Weil diese die kirchliche Trägerschaft sicherstellen, können alle übrigen als Besucher oder Gäste kommen und selbst entscheiden, inwieweit sie sich als Glieder dieser Gemeinde verstehen und damit zum Subjekt gottesdienstlichen Handelns werden.
>
> *Winfried Haunerland*

Durch ChristInnen wird also der ekklesiologische Ort von Feiern mit Gottsuchenden markiert. Oft werden hauptamtliche kirchliche Mitarbeiter den Feieranlass verantworten und leiten. Der ekklesiale Charakter der Feiern wurzelt dabei – anders als die sakramentale Liturgie – nicht im amtlichen Dienst, sondern im Zeugnis, zu dem alle ChristInnen gerufen und ermächtigt sind.

1.3.1 Haltungen

Die Haltung der Einladenden kommt in einem immer wieder zitierten Wort von Klaus Hemmerle prägnant zum Ausdruck: „Lass mich dich lernen, dein Denken und Sprechen, dein Fragen und Dasein, damit ich daran die Botschaft neu lernen kann, die ich dir zu überliefern habe.“[9] Wer Feiern mit Gottsuchenden anbietet, wird sich intensiv mit den Mitfeiernden auseinandersetzen (müssen). Sie sind nicht Objekte kirchlicher Zuwendung oder von Evangelisierungsbestrebungen, sondern haben als „halbglaubende“ Personen das Charisma, die Träger des Feieranlasses mit ihrem Fragen, Ringen, ihrer Lebensfreude und Freiheit, ihrer Kritik und Erwartung in Frage zu stellen und zu beschenken.

---

[8] Es ist möglich, dass die Adressanten der Feier in die Vorbereitung und Durchführung einbezogen sind, doch es scheint nicht die Regel zu sein: Sie lassen sich einladen und sind in diesem Sinn nicht selber Träger des Feieranlasses.

[9] In: *Spielräume Gottes und der Menschen. Beiträge zu Ansatz und Feldern kirchlichen Handelns*. Ausgew. u. eingel. von R. Göllner und B. Trocholepczy. Freiburg Br. u.a. 1996, 329 (Klaus Hemmerle, Ausgewählte Schriften Bd. 4).

Die Haltung wird also

- bestimmt sein von Respekt vor den noch suchenden Adressaten und „demütigem Selbstbewusstsein“[10] der ChristInnen,
- sich darstellen als Verkündigung, auf die jedoch keine glaubende Antwort erwartet wird,[11]
- eine Einladung sein, Lebensfragen wie Lebensfreude mit Gottsuchenden zu teilen und aus christlicher Erfahrung Trost und evtl. auch Segen zuzusprechen oder Lob und Dank Raum zu geben,
- absichtslos sein und die Zweckfreiheit des liturgischen Handelns berücksichtigen, ohne den missionarischen und zur Liturgie hinführenden Charakter prinzipiell zu verleugnen.

Es ist wichtig, dass sich die Träger der Veranstaltung fragen, warum sie zu einer solchen Feier einladen und was sie selbst mit der offenen Feierform beabsichtigen. Ziele und Motive werden im Vorfeld des Anlasses im Team diskutiert.

1.3.2 Kirche nach außen kommunizieren

Die Träger von offenen Feierformen repräsentieren im Medium der Feier immer auch „Kirche“. Den Mitfeiernden wird damit ein Bild der Kirche vermittelt – und zwar unabhängig davon, ob diese darüber besonders nachdenken und ob sie über ihr Kirchenbild sprechen oder nicht.

Wer zu neuen, offenen Feierformen einlädt, wird sich deshalb Rechenschaft darüber geben, welches Kirchenbild durch die Feier kommuniziert werden soll und wie es tatsächlich ankommt, aber auch wie dieses zu Kirchenbildern nachkonziliarer Lehrverkündigung und Theologie steht.

Außerdem werden sich die Vor- und Nachbereitenden fragen, welches Bild die Pfarrei vor Ort oder der Pastoralraum zeigt: Entspricht das in der Feier implizit kommunizierte Kirchenbild dem zu erwartenden Erleben von Kirche vor Ort? Oder weicht es sehr davon ab? Signalisieren die Träger der Feier eine Offenheit, die sie in ihrem sonstigen kirchlichen Handeln kaum leben (können)? Wäre das der Fall, müssten sie sich einerseits fragen, wie authentisch sie die christliche Botschaft bezeugen können, andererseits aber auch, ob die Feiern mit offenen Türen für sie selber (auch) ein Ventil für Frustratio-

[10] M. Lätzel, *Den Fernen nahe sein. Religiöse Feiern mit Kirchendistanzierten.* Regensburg 2004, 126.

[11] Vgl. M. Lätzel, *Den Fernen nahe sein*, 185.

nen im kirchlichen Alltag darstellen. Wer neue Feierformen anbieten möchte oder schon durchführt, ist aufgrund der besonderen Situation noch mehr als sonst zu kritischer Selbstreflexion aufgerufen.

1.3.3 Neue Feiern mit der Pastoral vor Ort vernetzen

Einige der neuen Feiern mit Gottsuchenden sind an City-Kirchen oder anderen großen Stadtkirchen angesiedelt. Das führt gelegentlich zu der Vorstellung, solche Gottesdienste seien nur an diesen Orten sinnvoll und möglich. Man wird zwar kaum bestreiten können, dass größere Städte neue Feierformen besonders dringlich erscheinen lassen. Die gesellschaftlichen Veränderungen machen jedoch vor dem ländlichen Raum nicht halt.[12] Deshalb kann die Aufgabe, „Biotope des Glaubens“ (s. o. 1.1.1 Kasten) zu schaffen und zu pflegen, nicht an einige wenige City-Kirchen delegiert werden. Manche der neuen Feierformen sind auch soziologisch nicht unbedingt an den Lebensraum Stadt gebunden: biographische Anlässe, Segensgottesdienste und Feiern im Kontext von (Kirchen-)Musik und Kunst im Raum der Kirche.

Die Träger der Feier mit offenen Türen ermöglichen durch ihr Mitwirken in unterschiedlichen kirchlichen Lebensbereichen unter anderem auch eine Verbindung zwischen offenem Feierangebot und Pfarreileben. Auch dieser Aspekt der ekklesiologischen Situierung der Feier ist wichtig. Die Einladenden sollten nach Kräften dafür sorgen, dass Gottesdienste mit Gottsuchenden im pastoralen Konzept der Pfarrei bzw. des Pastoralraums, evtl. des Dekanats oder anderer Strukturen einen angemessenen Ort bekommen. Dabei stellen sich sehr konkrete Fragen, z.B.:

- Wird die Verantwortung für die Pastoral mit kirchenfernen Gottsuchenden an die Träger der offenen Feierformen abgewälzt (City-Kirche in Alibi-Funktion?), oder ist es eine legitime Entlastung anderer pastoraler Orte bei geteilter Verantwortung?
- Welche Gläubige tragen (außer jenen, die den Anlass vorbereitet haben und ihn leiten) die Feier? Eine leere Kirche mit vereinzelten mehr oder weniger kirchenfernen Mitfeiernden ist nicht ansprechend. Feiern geschehen immer in Gemeinschaft – wer bildet diese, wenn sich vielleicht nur wenige Personen zum offenen Feierangebot einladen lassen?

[12] Ein Beispiel für den ländlichen Bereich im traditionell katholischen Tirol dokumentiert: K. Auer, *Feier-Abend. „Die Botschaft der hl. Notburga“ – ein alternativer Gottesdienst*, in: Gd 39. 2005, 128f.

- Gibt es in der Pfarrei Befürchtungen über das, was in den Feiern mit Gottsuchenden im Raum der eigenen Pfarrkirche geschieht? Wie kann besser informiert werden, oder haben sich tatsächlich Probleme eingestellt, die Handlungsbedarf anzeigen?
- Können durch Feiern mit offenen Türen jene stärker integriert werden, die zwar getauft (und gefirmt), aber nicht christlich sozialisiert sind, oder jene, die mit Gott und der Kirche „im Clinch sind"? Welche Menschen aus dieser Zielgruppe sollten *persönlich* eingeladen werden?
- Viele ChristInnen suchen „religiöse Zusatznahrung", die sie in den üblichen Angeboten von Pfarreien (Gottesdienste und anderes) nicht finden. Können die neuen Feierformen diesen Menschen ein tieferes christliches Lebenswissen vermitteln?

1.4 Verschiedene Feieranlässe

Es gibt inzwischen ein breites Spektrum erprobter Feiern. Die Vielfalt zu zeigen und eine Orientierung im breiten Feld der bisher entstandenen Feierformen zu geben, ist die Intention dieses Abschnitts (vgl. auch Teil 3 der Arbeitshilfe und die Literatur 5.3).

1.4.1 Jahreszeiten: offene Feiern im Kirchenjahr

Diese Gruppe von Feieranlässen dürfte die älteste sein. Die Situation in den neuen deutschen Bundesländern war sozusagen der Kairos zur Entstehung: Im Erfurter Dom fanden sich in den 80er Jahren des 20. Jahrhunderts zur weihnachtlichen Christmette Menschen mit kaum zu vereinbarenden Erwartungen an die Feier: KatholikInnen, die schlicht die kirchliche Weihnachtsliturgie mitfeiern wollten, und Nicht-ChristInnen, die eine weihnachtliche Feier suchten, mit der Liturgie der Christmette aber nicht mehr vertraut waren. Aufgrund der Initiative des Erfurter Bischofs Joachim Wanke und seines Dompfarrers, jetzt Weihbischof, Reinhard Hauke fanden seit 1988 dann zwei Feiern statt: die herkömmliche Christmesse und ein schlichteres und dennoch feierliches „Weihnachtslob" mit Weihnachtsmusik und Weihnachtsevangelium für die Nicht-ChristInnen. Die religiösen Bedürfnisse der Nicht-ChristInnen und damit das Ernstnehmen dieser neuen Adressaten stand am Anfang. Der Verkündigungsauftrag wurde aufgrund der Proklamation der Weihnachtsbotschaft und anderer Elemente der Feier dabei keineswegs unterlaufen. Das inzwischen „Erfurter Weihnachtslob“ genannte Beispiel steht mit seiner Ausrichtung an den Adressaten *und* am christlichen Erbe exemplarisch für die neuen Feierformen.

Noch älter als das Weihnachtslob ist der sogenannte Aschermittwoch der Künste (auch: Aschermittwoch der Künstler). Er geht auf eine Initiative des Dichters Paul Claudel zurück. Zur Feier sind Kunstschaffende – mit oder ohne kirchlichen Hintergrund – eingeladen, von denen sich in der Regel einige an der Vorbereitung und Durchführung des Anlasses beteiligen. Die Feier wird zur kritischen und konstruktiven Begegnung von Kunst und Kirche im Medium eines Gottesdienstes. Dieser Feieranlass zeigt vielleicht besonders deutlich, dass das Verhältnis von Geben und Nehmen zwischen Adressaten und Einladenden wechselseitig ist.

Auf die „Benutzung“ kirchlicher Zeiten ohne deren Begehung und damit auf die kommerzielle Verwertung menschlicher Sehnsüchte reagieren sowohl die Segensgottesdienste für Liebende am Valentinstag wie Gottesdienste zur Eröffnung oder während des Weihnachtsmarktes. War der Valentinstag für Floristen zur Gelegenheit geworden, um auf Sehnsüchte (oder schlechte Gewissen?) von Liebenden zu reagieren, so stellten sich wiederum erstmals in Erfurt Pfarrer Hauke und seine evangelische Kollegin Barbara Piontek der Suche von Paaren nach dem Segen Gottes mit einem eigenen Gottesdienst für Paare. Segensgottesdienste am Valentinstag finden inzwischen an vielen Orten im deutschen Sprachgebiet statt.

Dass der Weihnachtsmarkt u.a. religiöse Gefühle bedient, hat Matthias Morgenroth treffend beschrieben.[13] Gottesdienste im Rahmen eines Weihnachtsmarkts sind offene Angebote, die die unbestimmte Suche nach Licht, Wärme, Frieden, Gemeinschaft etc. mit der christlichen Botschaft in Beziehung setzen. Sie geben weder dem kommerziellen Geschehen einen sakralen Anstrich, noch können sie ernsthaft damit konkurrieren. Vielmehr verweisen sie jene, die hören und sehen wollen, auf die Weihnachtsbotschaft, die die „gemütlichen Heilsverheißungen“ von Lichterketten und Glühwein weit übersteigt.

Auch der Karfreitag ist Anlass, mit Gottsuchenden einen Weg zu gehen, z.B. als alternativer Stadtrundgang, der den Finger in die Wunden im öffentlichen oder auch kirchlichen Leben legt. Bei dieser Form zeigt sich, dass Feiern mit

[13] Vgl. M. Morgenroth, *Weihnachts-Christentum. Moderner Religiosität auf der Spur*. Gütersloh 2002, 208–211.

Suchenden die Auseinandersetzung nicht scheuen dürfen, sondern anlassbezogen und (selbst-)kritisch Stellung beziehen können und müssen.

1.4.2 Lebenszeiten: Feiern zu biographischen Anlässen

Biographische Knotenpunkte sind für Glaubende wie Suchende ein Anlass, nach Gott zu fragen. Freude, Not oder Fragen wollen an jemanden gerichtet werden – je dichter die konkrete Lebenserfahrung, desto weniger genügen Menschen als Adressaten von Dank oder Schmerz. Vielmehr ist in diesen Augenblicken jener gerufen, den ChristInnen als barmherzigen Vater, als den Menschen zugewandten Sohn und schöpferischen Geist kennen, den andere aber noch nicht oder erst anfänglich so nennen können.

Feiern zu biographischen Anlässen sind ein Angebot ritueller Wegbegleitung: auf dem Weg zum Erwachsenwerden wie in der Erfurter „Feier der Lebenswende",[14] wie in Lebensfeiern um den 30./40./50. Geburtstag herum, bei biographischen Brüchen (z.B. als „Scherbengottesdienst" oder „Clinch-Wallfahrt") und ganz besonders in der Situation des Todes.

Beispiel:

„Lieber würzig mit 40 als …" – Lebensfeier für 40jährige … – in der Tat: Wer heute 40 geworden ist, kann auf vieles zurückblicken. Er startet aber noch mal richtig durch – wie in unserer Lebensfeier mit fetziger Musik, kleinen Szenen, persönlichen und geistlichen Impulsen sowie munterem Weiterfeiern im Anschluss.

Offene Kirche St. Klara in Nürnberg

Bei Gottesdiensten nach Katastrophen sind besonders viele nicht christlich oder kirchlich gebundene Menschen anwesend. Ob sie schon als Gottsuchende angesprochen werden können, ist eher fraglich, aber sicher fragen, klagen oder zweifeln auch sie und rufen damit implizit nach einem mehr als menschlichen Adressaten. Sie suchen die Gemeinschaft mit anderen, oft fremden, aber durch die Not verbundenen Menschen – eine erste Basis gottesdienstlichen Feierns entsteht. Sie sind offen für Zuspruch, Trost, symbolisches Handeln (Kerzen!), Worte des Lebens und oft sogar für Gebet.

Außerdem sind neue Formen des Totengedächtnisses entstanden: z.B. für Menschen, die ohne Angehörige bestattet wurden, oder für verstorbene Obdachlose, für vorgeburtlich verstorbene Kinder, für jene, die ihren Leichnam der Anatomie zur Verfügung gestellt haben. Die Motive für diese recht unterschiedlichen Feiern reichen vom Bewahren des Namens (und damit der

[14] Vgl. R. Hauke, *Herzlich eingeladen zum Fest des Glaubens* 24–31; M. Lätzel, *Den Fernen nahe sein* 150–157.

Person) vor unbarmherzigem Vergessen über die rituelle Begleitung „frühverwaister Eltern“ bis zur angemessenen emotionalen und geistigen Bewältigung der Obduktion für Medizinstudierende, Mitarbeitende im anatomischen Institut und Hinterbliebene der Verstorbenen. Auch bei einigen dieser Anlässe ist unsicher, ob die Mitfeiernden schon als Gottsuchende anzusprechen sind und ob es sich hier nicht um ein präkatechumenales Angebot handelt.

1.4.3 Schwellenzeiten: Segensgottesdienste

Die Feier von Segensgottesdiensten sollte zum normalen gottesdienstlichen Repertoire einer Pfarrei gehören. Insofern sind sie kein neues, offenes liturgisches Angebot. Neu ist wohl aber das Bewusstsein, dass Segenshandeln von nicht mehr christlich oder kirchlich verwurzelten Menschen gerne angenommen wird.

Vom Segen ist in der Bibel immer wieder in Schwellensituationen die Rede: Abraham bricht auf in ein neues Land, einer der Patriarchen stirbt und legt den Segen auf seinen Sohn, Jesus verlässt die Jünger mit einem Segensgestus. Wenn etwas zurückgelassen werden muss und etwas Neues beginnt, empfinden Menschen auch heute noch ihre Bedürftigkeit und suchen nach mehr als rein menschlichem Weggeleit. Das dürfte einer der Gründe dafür sein, dass für einige der neuen Feierformen das Segenshandeln zum zentralen Element wird. Sie bilden insofern eine Untergruppe der Biographie-bezogenen neuen Feierformen, stehen aber der kirchlichen Liturgie viel näher. Eingeladen wird insbesondere zu Segnungen für werdende Eltern (als nicht-pfarreiliches Angebot z.B. in den Offenen Kirchen Basel, Nürnberg und Salzburg) oder zu nichtsakramentalen Salbungsgottesdiensten und Heilungsfeiern mit einer Einzelsegnung (s. u. 2.6.4). Erinnert sei an dieser Stelle auch nochmals an die Paarsegnungen am Valentinstag.

1.4.4 Nachtzeiten: Feiern an der Schwelle vom Tag zur Nacht

Neue Gottesdienstformen finden nicht nur an der Schwelle vom Abend zur Nacht statt, sondern auch am frühen Morgen, am Mittag oder Nachmittag. Aber der Abend ist offenbar ein bevorzugter Zeitpunkt – sei es aufgrund des Freizeitverhaltens, sei es aufgrund der natürlichen Sensibilität des Menschen für Licht und Dunkel. Die Nacht hat magische Qualität, aber sie lässt auch das Ausgesetzt-sein des Menschen spürbar werden. Nach dem 11. September 2001 wurden viele Gedenk- oder Katastrophengottesdienste als Vigil durchgeführt. Auch die Namen von Feiern sprechen von dieser Schwelle: „Nachteulengottesdienst“, „Nacht der Kirchen“, „Nacht der Lichter“, „Jugendvigil“, „Nachtschwärmer-Gottesdienst“.

Manche dieser Feiern kommen dem Taizé-Gebet sehr nahe, andere lehnen sich in freier Weise an liturgische Nachtgottesdienste (Vigilien) an. Es sind Feiern, die länger dauern dürfen, ein Kommen und Gehen (und Wiederkommen) erlauben, die meta-physische Qualität des Lichts besonders stark gewichten, oft der Meditation und dem Einüben ins Gebet großen Raum geben.

Gelegentlich fällt die Schwelle vom Abend zur Nacht mit weiteren Schwellenzeiten zusammen wie dem Wochenende oder der dunklen Zeit im Jahr (Advent, Weihnachten, Jahreswende). Aber auch das „Sommernachtsfeeling“ kann zum Anlass werden. In jedem Fall spielt die atmosphärische Dichte hier eine herausragende Rolle, um suchende Menschen anzusprechen oder sogar anzuziehen.

1.4.5 Verdichtete Zeiten: Feiern mit Literatur, Kunst, Musik

Kult und Kultur gehören zusammen – von Gott ist nicht nur im kirchlichen Gottesdienst die Rede: In Opern werden Gebete deklamiert; in Romanen und im Gedicht kommt er als Frage oder in neuer Wahrnehmung ins Spiel; in der abendländischen bildenden Kunst (nicht nur der Vergangenheit!) gehört Gott und seine Geschichte mit den Menschen einfach dazu.

Kirchenraum, Kirchenmusik, biblische und christliche Dichtung sind ein Schatz, auf den man zurückgreifen kann und soll, um zu zeigen, was man liebt. Die Spuren Gottes innerhalb und außerhalb der Kirche ins Gespräch miteinander zu bringen, dieses Gespräch vor und mit Gottsuchenden zu führen und dabei fremde Perspektiven, neue Fragen und neue Antworten zu entdecken, sich vom immensen Reichtum der Dichtenden und Denkenden, KünstlerInnen und MusikerInnen beschenken zu lassen, ist die Quelle vieler neuer Feierformen. Sie sind Literatur- oder Operngottesdienste, Kantatengottesdienste oder Orgelvespern, stellen ein Kunstwerk in den Mittelpunkt oder führen als Prozession mit Kunststationen und geistlichen Impulsen durch einen Kirchenraum z.B. als spirituelle Kirchenführung.

2. Tipps für die Vorbereitung und Durchführung

Viele Feiern mit liturgisch ungeübten, Gott suchenden Menschen sind Unikate. Unikate entspringen einem schöpferischen Prozess – billiger sind sie nicht zu bekommen! Sie vorzubereiten und durchzuführen, ist mit erheblichem Aufwand verbunden. Der Ausgangspunkt bei der Vorbereitung ist die Frage, was der Inhalt des Anlasses ist (s. o. 1.4), was im Zentrum der Feier steht und den Adressaten (s. o. 1.2) kommuniziert werden soll. Aus diesen Inhalten folgt die Art und Weise, wie die Feier durchgeführt wird.

> Die Art und Weise des Feierns *(Wie)* folgt aus dem Inhalt des Anlasses *(Was)* – mit großem Respekt und Aufmerksamkeit für die Adressaten.

Wie die unterschiedlichen Inhalte in Feiern mit Gottsuchenden so umgesetzt werden können, dass sie – wie die Liturgie auch – bestimmten Qualitätsstandards genügen, ist Gegenstand dieses 2. Teils der Arbeitshilfe. In diesem Sinn sind die hier zusammengestellten Tipps zu verstehen:

- Anregung schöpferischer Prozesse,
- Qualitätssicherung,
- effiziente Vorbereitung,
- Orientierung an den Adressaten.

Die Überlegungen, Anregungen, Fragen und Tipps in diesem 2. Teil sind aus mehrjähriger Erfahrung mit einem niederschwelligen Feierangebot hervorgegangen, wurden an der einschlägigen Literatur zum Thema überprüft und durch Erfahrungen anderer Personen ergänzt.

Nicht alle Punkte, die in diesem Teil der Arbeitshilfe angesprochen werden, müssen in der Vorbereitung und Durchführung vor Ort eine Rolle spielen: Anlässe, Orte, Adressaten unterscheiden sich sehr. Umgekehrt sind manche Punkte nicht auf die Feiern mit Ungeübten beschränkt. Sie helfen ebenso in der Vorbereitung und Durchführung anderer Gottesdienste.

Am Ende jedes Abschnitts steht eine einfache Kernfrage zum jeweiligen Sachverhalt. Sie kann sowohl als Leitfrage für die Vorbereitung wie der kritischen Reflexion nach der Durchführung der Feier dienen. Eine Liste der Fragen findet sich unter 2.9 am Ende von Teil 2.

2.1 Personen

Feiern für Gottsuchende werden getragen von Frauen und Männern (s. o. 1.3), die

- für dieses Anliegen brennen (hohe Motivation und Überzeugungskraft!),
- ihre Kreativität in die Vorbereitung einbringen und andere Menschen darin unterstützen,
- ihre Kommunikationstalente im Team, in der Werbung, in der Durchführung des Anlasses einbringen.

2.1.1 Das Vorbereitungsteam

Sowohl im Hinblick auf die Vorbereitung wie auf die Durchführung sind Feiern mit offenen Türen keine „Onemanshow". Schon der vergleichsweise große Arbeitsaufwand legt nahe, die Feier gemeinsam – oft auch in ökumenischer Zusammenarbeit – vorzubereiten. Anzustreben ist auch eine Kooperation mit Partnern außerhalb der Kirche wie z.B. Musikschulen, Theater, Touristikbüros, Hilfswerken etc.

Das Vorbereitungsteam stellt die Grundsatzfrage, wer die Adressaten des jeweiligen Anlasses sein sollen (s. o. 1.2). Die Frage nach der Zielgruppe ist oft nicht leicht zu beantworten. Es ist unmöglich, jede und jeden anzusprechen. Die Adressaten ergeben sich oft aus Inhalt (Gedenkfeier für zu früh verstorbene Kinder: Eltern, Geschwister, Freunde), dem Ort (Besucher des Weihnachtsmarkts) oder Zeitpunkt eines Anlasses (Nachtschwärmer). So wichtig es ist, die Zielgruppe bei der Vorbereitung im Blick zu behalten, so wird man doch immer damit rechnen dürfen, dass auch solche kommen, an die man zunächst nicht dachte.

Wird der Anlass durch ein Team aus der Pfarrei unterstützt (Haupt-, Neben-, Ehrenamtliche), so ist einerseits gesichert, dass der Anlass von glaubenden Menschen getragen wird, andererseits ist die ekklesiologische Anbindung an die Pfarrei gewährleistet. Mindestens eine Person im Vorbereitungsteam muss über liturgische Kompetenz und Handlungssicherheit verfügen.

Aufgrund der großen Bedeutung der Musik für offene Feiern (s. u. 2.5) legt sich die Kooperation mit den KirchenmusikerInnen nahe – sei es, weil diese selber die musikalische Gestaltung übernehmen oder weil sie das Team beraten können, welche MusikerInnen und Musik für den Anlass angefragt werden sollten.

Es empfiehlt sich, im Team jemanden für die PR-Arbeit zu bestimmen und zusätzlich eine weitere Person/Personen mit der Organisation eines Imbisses nach der Feier zu betrauen (s. u. 2.8.4).

2.1.2 Leiterin oder Leiter des Anlasses

Analog zu den liturgischen Grundsätzen gilt auch für die Durchführung offener Feiern das Prinzip der Rollenverteilung: „Bei den liturgischen Feiern soll jeder, sei er Liturge oder Gläubiger, in der Ausübung seiner Aufgabe nur das und all das tun, was ihm aus der Natur der Sache und gemäß den liturgischen Regeln zukommt.“ (Sacrosanctum Concilium Nr. 28)

Da es sich nicht um die Feiern der Sakramente handelt, können Laien grundsätzlich den Dienst der LeiterIn ausüben. Es kann jedoch sein, dass sich die Erwartung der Adressaten auf einen kirchlichen Amtsträger richtet (z.B. Erfurter Weihnachtslob: Bischof oder Weihbischof als Vorsteher der Feier). Wenn die Feier mit Segenshandlungen verbunden ist, gelten die Bestimmungen des Benediktionale (s. u. 2.6.4).

Was im Einzelnen zum Dienst des Leitens bei einer Feier mit Gottsuchenden gehört, wird sich in erster Linie von der Dramaturgie des jeweiligen Anlasses her ergeben. Es sind vor allem jene Elemente, die für die Teilnehmenden Orientierung im Ablauf gewährleisten: Begrüßung, evtl. Überleitungen oder Ansagen (wenn notwendig), evtl. eine Ansprache, wahrscheinlich die Schlusssequenz. Je nachdem an welcher Stelle der Höhepunkt der Feier liegt, wird die LeiterIn auch dabei beteiligt sein: bei Segensgottesdiensten an der Segnung, bei einer rituellen Handlungssequenz mit Symbolen oder an der zentralen Sprachhandlung.

Wenn es sich beim Anlass um eine Veranstaltungsreihe handelt, kann die Leitung unter mehreren Frauen und Männern wechseln. Der unterschiedliche „Personalstil“ der Mitwirkenden belebt und bereichert die Feier, er spricht auch jeweils andere Gäste an.

2.1.3 Weitere Mitwirkende

Weitere Rollenträger sind die SprecherInnen der Texte, die MusikerInnen (s.u. 2.5) und weitere je nach Anlass (z.B. bei der Toten-Gedenkfeier des Anatomiekurses der Pathologe oder die Pathologin, medizinisches Personal und Studierende).

Die Anforderungen an die SprecherInnen sind nicht gering, da in vielen Feiern literarische Texte oder literarisch anspruchsvolle biblische Texte (z.B. Hiob, Psalmen, Hohes Lied) gelesen werden (s. u. 2.4.3 und 2.4.4). Das erfordert nicht notwendig professionelle SprecherInnen wie SchauspielerInnen oder Personen, die beim Rundfunk arbeiten. Gesucht sind einfach Menschen, die mit Freude Sprache gestalten. Begabungen zum ausdrucksstarken, aber nicht-theatralischen Lesen gibt es viele. Es lohnt sich, nach solchen Begabungen zu suchen und damit vielleicht SprecherInnen zu gewinnen, die selber zu den liturgisch Ungeübten, zu den eher Kirchenfernen gehören. Vorausgesetzt werden muss die Bereitschaft, sich mit den Texten auseinanderzusetzen, sie vorher zu üben und sich Zeit zu nehmen für eine Sprechprobe vor Ort.

Zum Gelingen einer Feier trägt die Atmosphäre, die durch Licht erzeugt wird, viel bei (s. u. 2.3.6 und 2.7.1). Es empfiehlt sich, eine Person zu suchen, die mit Licht kreativ umgehen kann. Das sind oft technisch versierte Menschen (vielleicht auch sie liturgisch ungeübt!) oder SakristanInnen. Vielleicht lassen sich auch Jugendliche aus der Pfarrei dafür begeistern, ein Lichtdesign für den Anlass zu entwickeln und während der Feier zu realisieren.

▸ Welche Personen sollen beim Feieranlass mitwirken?

2.2 Zeiten und Orte

2.2.1 Schwellenzeiten

Feiern mit liturgisch Ungeübten orientieren sich an Zeiten, die von den Adressaten geschätzt werden, wie zum Beispiel:

- der Abend als Freizeit,
- die Nacht als Zeit verdichteten Erlebens,
- die Mitte eines (Arbeits-)Tages,
- Beginn oder Ende des Wochenendes,

- Zeiten des Übergangs im eigenen Leben (Geburt, Tod, Abschied oder Neubeginn),
- Zeiten des Übergangs im sozialen Leben (Jahreswende, Gottesdienste in Katastrophenfällen),
- kirchliche Hoch-Zeiten wie Advent und Weihnachten.

Viele dieser Zeitpunkte bilden eine Schwelle im Zeiterleben: Der Abend steht zwischen Licht und Dunkel, die Nacht zwischen zwei Tagen, Beginn und Ende des Wochenendes zwischen zwei Arbeitswochen. Übergänge religiös zu begehen oder auch zu bewältigen, ist ein kulturübergreifendes, menschliches Verlangen. Dass die neu entstandenen Feiern genau diese Schwellenzeiten mit einem spezifischen Angebot aufgreifen, ist deshalb kein Zufall.

Der Sonntagvormittag als traditioneller Zeitpunkt für die Versammlung der Pfarrei zur Eucharistie- oder zur Wort-Gottes-Feier ist im Zeiterleben vieler Menschen keine solche Schwellenzeit. Aus diesem Grund werden die üblichen Sonntagsgottesdienste durch offene Feiern mit Gottsuchenden in keiner Weise in Frage gestellt oder in ein Konkurrenzverhältnis gesetzt.

2.2.2 Zeitrhythmen und Dauer des Anlasses

Wenn die Feier kein einmaliges Ereignis darstellt, wird ein gleichbleibender Zeitpunkt gewählt:

- Woche: jeden Freitag, Sonntag …
- Monat: jeden 1. Samstag …
- Jahr: jedes Jahr an Heiligabend, am Valentinstag …

Auch die Uhrzeit bleibt unverändert. Gleichbleibende Zeitrhythmen prägen sich dem Gedächtnis ein. Bei regelmäßiger Teilnahme schaffen sie Beheimatung. Je kleiner der Abstand zwischen den Anlässen ist, desto weniger äußeren Aufwand kann und darf es geben: Schlichtheit und Echtheit widerstehen am Ende der Gefahr der Abnützung am besten.

Die Zeitdauer des Anlasses richtet sich nach

- der Erwartung der Gäste (nicht zu kurz, wenn längere Wege bis zum Ort des Anlasses zurückzulegen sind; lange Zeitdauer, wenn etwas festlich begangen, also entfaltet werden soll),
- der Aufnahmefähigkeit (wie viel mehr als eine Stunde wird den Gästen am Abend möglich oder angenehm sein?),

- den äußeren Umständen (kälterer Raum: kürzere Zeitdauer; Prozessionen unter freiem Himmel mit unberechenbarer Witterung: Dauer anpassen oder Stationen zum Aufwärmen/Auftanken einplanen etc.).

Die Zeitdauer wird bereits in der Werbung mitgeteilt und bei der Begrüßung in der Feier nochmals erwähnt. Wenn der Anlass so gestaffelt ist, dass es den Gästen ermöglicht wird, nach eigenen Wünschen (später) zu kommen und (früher) zu gehen, sollte auch das ausdrücklich angekündigt und in der Feier angesagt werden.

2.2.3 Orte: nicht-kirchlich oder Kirchenraum?

> **Contra:**
>
> Heute hinkt die Innenatmosphäre vieler Kirchen der ganz normalen Wohnqualität der Gottesdienstbesucher weit hinterher. Das Innere einer Kirche ist beileibe nicht der festlichste und sauberste Ort der Stadt, sondern im aktuellen ‚Lifestylevergleich' eher eine dunkle, mitunter staubige und kalte Angelegenheit.
>
> *Clemens Bittlinger / Fabian Vogt*

Egal wo der Anlass stattfindet, er muss für die Teilnehmenden gut erreichbar (Stadtmitte, öffentliche Verkehrsmittel, Parkplätze etc.) und gastfreundlich sein. Feierort und Anlass/Inhalt sollen zusammenstimmen. Ungewöhnliche Feierorte (Freibad etc.) können abstoßend wirken. Grundsätzlich gibt es zwei Optionen: Feier innerhalb oder außerhalb eines Kirchenraums.

Für die Feier an einem öffentlichen Ort außerhalb der Kirche spricht:

- Die Träger der Feier mit Gottsuchenden gehen dahin, wo gerade das Leben spielt (z.B. Weihnachtsmarkt, Zirkusgottesdienst).
- Der Anlass greift ein öffentliches Ereignis (der Stadt, der Region etc.) auf.
- Es soll ein Weg gemeinsam beschritten oder abgeschritten werden, z.B. bei einer alternativen Karfreitagsprozession entlang der „wunden Punkte" einer Stadt oder eines Dorfes.
- Orte, die dem Inhalt des Anlasses möglicherweise besonders entsprechen (evtl. auch solche der Natur).

Viele Feiern mit liturgisch ungeübten, Gott suchenden Menschen finden in Kirchenräumen statt. Dafür kann sprechen:

- die besondere Qualität von Kirchenräumen: die Würde und Vertrautheit des Alten oder gerade das Zeitgemäße von neuen Räumen, der Duft von Kerzen, Licht, Klang etc.;
- der Signalcharakter: Alles, was bei der Feier geschieht, spielt sich vor Gott ab, weil es im Kirchenraum geschieht, auch wenn weniger von ihm oder zu ihm gesprochen wird als im gewohnten Gottesdienst;
- die Erwartung der Adressaten: „die“ Kirche soll sich ihren Erwartungen öffnen, dafür Raum zur Verfügung stellen – symbolisch und deswegen eben auch real;
- der präkatechumenale Charakter der Feier: Die ungewohnte Erfahrung des Kirchenraums in einer offenen Feierform kann einen Raum „begehbar“ machen, der im Gottesdienst fremd und unzugänglich erscheint. So kann Beheimatung im Kirchenraum entstehen – ein kleiner Schritt zur Einübung in den Gottesdienst.

2.2.4 Orte innerhalb des Kirchenraums

Wie bei öffentlichen und privaten Räumen, gibt es auch beim Kirchenraum Zonen: vor dem Kirchentor, Eingangsbereich innen, einen mittleren Raumbereich (mit Seiten, hinten und vorne), den Altarbereich, evtl. einen eigenen Chorraum.

> Kirchen-Räume tragen in der Regel eine liturgische Qualität, Dignität und Dynamik in sich. Diese gilt es im Gespräch mit der Tradition des Glaubens und der Kirche vor Ort gegenwartsbezogen zu entdecken und zu entfalten. Pfarrpersonen sollten die Liturgie ihrer Räume verstehen und sorgfältig einsetzen.
>
> *Anselm Burr*

Feiern mit liturgisch Ungeübten

- ermöglichen einen individuellen Zugang zu den Raumbereichen (Nähe und Distanz zum zentralen Handlungsort) – einschließlich der Möglichkeit, die Feier ohne Gefühle von Peinlichkeit oder Ähnlichem zu verlassen,
- nutzen einzelne „intime“ Bereiche wie z.B. eine nur mit Kerzen erleuchtete Seitenkapelle oder ein schützendes und das Geschehen stützendes altes Chorgestühl,

- bespielen den ganzen Raum, sei es mit den Gästen zusammen in Feierformen prozessionaler Art (z.B. spirituelle Kirchenführung) oder indem MusikerInnen oder SprecherInnen an verschiedenen Stellen im Raum agieren,
- orientieren sich an der auch im gewöhnlichen Gottesdienst geübten Raumnutzung, weil es z.B. den Mitfeiernden Handlungssicherheit gibt (z.B. bei Gottesdiensten in Katastrophenfällen).

Die Dignität des Kirchenraums zu respektieren fordert von allen Beteiligten vor, während und nach der Feier ein angemessenes Verhalten im Raum:

- Die liturgischen Funktionsorte (besonders Altar und Ambo) sind keine Ablagefläche für Bücher oder Musikinstrumente etc. An ihnen geschieht das und nur das, was ihrer liturgischen Funktion entspricht, konkret: Am Ambo werden biblische Lesungen vorgetragen; der Altar wird in nicht-eucharistischen Gottesdiensten nicht genutzt. Neue Funktionen erfordern in der Regel auch neue Funktionsorte, z.B. ein eigens platziertes Mikrophon.
- Orte der Anbetung und des Gebets (Tabernakel, Marienbild etc.) werden mit Achtung und Behutsamkeit bedacht.
- Das Verhalten im Raum orientiert sich nicht am Verhalten der Gäste, die möglicherweise um die Bedeutung besonderer Orte im Kirchenraum nicht wissen und sich dann auch nicht dementsprechend verhalten.

▸ Welche Zeiten prägen das Erleben meiner Adressaten?
▸ Welche Orte werden meine Gäste bevorzugen?

2.3 Dramaturgie und Inszenierung

Die Dramaturgie einer Feier mit liturgisch Ungeübten ist nicht vorgegeben. Sie entsteht in der Regel in einem Prozess mit unterschiedlichen Partnern in der Vorbereitung durch ein Team oder in Zusammenarbeit mit den beteiligten MusikerInnen, SprecherInnen und anderen, die sich an der Planung und Durchführung bei der Feier beteiligen.

> Die Dramaturgie ist das Gerüst für den Inhalt. Ihre Qualität misst sich letztlich daran, ob sie durchlässig ist für die Botschaft von Gott.
>
> *Liturgie ist jugendgemäß, wenn ...*

Das Finden und Festlegen einer Dramaturgie für den jeweiligen Anlass entscheidet wesentlich darüber, ob die Adressaten „mitgehen". Eine gute Dramaturgie bindet die Aufmerksamkeit der Teilnehmenden und hilft ihnen, die eigene Rolle aktiv zu leben. Die Gäste von Liturgien mit offenen Türen sind keine Zuschauer, auch wenn sie den Grad ihrer Teilnahme selbst bestimmen (s. o. 1.2.4).

2.3.1 Spannungsbogen

Einen überzeugenden Spannungsbogen zu finden ist eine zentrale Aufgabe der Vorbereitung:

- Wie beginnt die Feier?
- Gibt es einen oder mehrere Höhepunkte in der Feier? Welche sind das? Mit welchen Mitteln wird auf den Höhepunkt hingeführt, Erwartung und Spannung erzeugt, wie wird der Spannungsabbau nach dem Höhepunkt gestaltet?
- Schreitet die Feier eher in gleichmäßigen Schritten voran, so dass eine meditative Atmosphäre erzeugt wird? Von welchem Ausgangspunkt zu welchem Zielpunkt sollen die Schritte führen? Welche gleichbleibenden Elemente oder Handlungssequenzen braucht es, um das ruhige Voranschreiten zu strukturieren? Welche neuen Akzente werden mit jedem einzelnen Schritt gesetzt? Wie viele oder wie große Schritte entsprechen den Zeitvorgaben des Anlasses?
- Soll ein Bruch inszeniert werden, z.B. um einen Zustand vorher von einem Zustand nachher zu unterscheiden und damit eine Krise, einen biographischen Unterbruch zu begleiten?
- Wie soll die Feier beendet werden? Darf am Ende Applaus erklingen oder würde das Mitfeiernde stören?

Beispiel:
Hiobs Botschaften. Eine Vigil

- Eröffnung mit Luzernar
- *1. Nachtwache:* Lied, 3 Psalmen, 2 atl. Lesungen mit Meditationsgesang, Gebet, Orgelmeditation.
- *2. Nachtwache:* wie 1. Nachtwache, aber literarische Text-Lesung.
- *3. Nachtwache:* wie 1. Nachtwache, aber ntl. Lesungen.
- Schlussteil: Text aus dem KZ Buchenwald, Stille Fürbittlitanei, Vaterunser, Segen.

Ansgar Franz

2.3.2 Elemente der Feier

Ist eine Entscheidung für einen bestimmten Spannungsbogen gefallen, sind die einzelnen Elemente der Feier diesem Bogen zuzuordnen. In Frage kommen unter anderem folgende:

- Texte (s. u. 2.4),
- Musik (s. u. 2.5),
- Schweigen und Stille,
- Rituelle Zeichenhandlungen und Symbole (s. u. 2.6),
- tänzerische oder pantomimische Elemente oder gespielte Szenen,
- Werke bildender Kunst (schon im Raum befindlich oder nur auf Zeit),
- Filmsequenzen.

2.3.3 Rhythmisieren

Beispiel:
Kreuzwegmeditation zum Fotokreuzweg in Herz Jesu München

- Sprecher 1 nennt die Kreuzwegstation: „VII. Jesus fällt zum zweiten Mal …" 1 Satz)
- Sprecher 2 beschreibt das Foto: Station VII auf der Via Dolorosa in Jerusalem, wie sie heute zu sehen ist (4–5 Sätze)
- Sprecher 1: „Lösch mir die Augen aus: ich kann dich sehn." (1 Satz)
- Sprecher 3 erzählt, was traditionell an der VII. Station zu sehen ist (4–5 Sätze)
- Musik
- Sprecher 1: zeitgenössisches Gedicht (länger als 4–5 Sätze)

Gunda Brüske

Diese Elemente ermöglichen es, der Feier einen Rhythmus zu geben. Rhythmus verhindert Langeweile, weil er die Aufmerksamkeit bindet. So verschafft bereits der Wechsel von Musik und Text beiden Elementen mehr Aufmerksamkeit, als wenn zwei Musikstücke nacheinander oder zwei Textpassagen additiv nacheinander erklingen.

Auch die Stille bestimmt den Rhythmus: z.B. als kurze Stille zum Nachklingenlassen von Texten oder Musikstücken, als längere Stille während einer rituellen Sequenz oder sogar als offene Stille am Ende der Feier.

Die Zeitdauer der jeweiligen Elemente ist ebenfalls ein Mittel der Rhythmisierung: Gleichlange Blöcke nacheinander sind ermüdender – langweiliger! – als cin Wechsel von kürzeren und längeren Elementen.

Die Bewegung von Personen im Raum, seien es MusikerInnen, SprecherInnen, Personen, die szenisch agieren, oder die Mitfeiernden selbst, weckt Erwartungen und verhindert eine zu statische Inszenierung.

2.3.4 Rollen besetzen

Zur Inszenierung gehört auch die Rollenaufteilung in der Feier, wobei davon auszugehen ist, dass mehrere Personen mitwirken und interagieren. Die Orientierung wird den Mitfeiernden in niederschwelligen Feiern ebenso wie auch in der Liturgie erleichtert, wenn eine Person als LeiterIn durch die Feier führt (s. o. 2.1.2). Viele Gäste sind sensibel dafür, wie Rollen auf die Geschlechter verteilt werden. Sie möchten auch Frauen in der Feier erleben.

Die Rollen weiterer Beteiligter sollten für die Adressaten transparent sein. Das betrifft nicht nur ihre Funktion (LeiterIn, SprecherIn, MusikerIn etc.), sondern auch das Zu- oder evtl. sogar Gegeneinander einzelner Rollenträger:

- Ist z.B. eine Person Anwalt der Suchenden, indem sie deren Klage, Kritik oder Lebensfreude Stimme verleiht, während eine andere Person darauf reagiert?
- Erfordern die gesprochenen Texte eher eine Frau oder einen Mann, eine jüngere oder eine ältere Person als SprecherIn?
- Welcher Platz im Raum entspricht den jeweiligen Rollen? (vgl. 2.2.4)
- Gibt es z.B. bei Segensfeiern AssistentInnen, die die zu Segnenden begleiten, ihnen evtl. die Hand auf die Schulter legen etc.?

2.3.5 Dialog der Texte

Wie es ein Zu- und Gegeneinander oder ein Miteinander der beteiligten Personen gibt, so kann auch auf der Ebene der Texte (gesprochene wie gesungene) ein Dialog stattfinden. Man nennt das Intertextualität.

Diesen Dialog der Texte bewusst zu inszenieren, ist ein starkes Gestaltungsmittel der Feier:

- Wie interagieren die ausgewählten (biblischen und literarischen) Texte?
- Unterstützen sie sich?
- Stellen sie sich gegenseitig in Frage?
- Provozieren sie?

- Führen sie ein Gespräch, das von der biblischen Urzeit bis ins Heute kritischer Anfragen oder bleibender Sehnsüchte reicht?
- Gibt es Motive, Bilder oder Stichworte, die sich durch alle sprachlichen Zeugnisse der Feier ziehen und damit einen roten Faden bilden?

Wer den Dialog der Texte bewusst einsetzt und gegebenenfalls mit frei formulierten Worten in zarten Strichen nachzeichnet, kann in der Vorbereitung der Feier nicht nur für sich selbst neue Entdeckungen machen, sondern trägt wesentlich zur Evidenz bei und setzt so bei den Mitfeiernden Prozesse in Gang.

Beispiel:

„Offene Tore in Herz Jesu“: Dialog Hohes Lied (Bibel/einst/Frau) und Dichtung (Literatur/heute/Mann)

„Melde mir doch, den meine Seele liebt,
wo doch weidest du,
wo doch lagerst du am Mittag, –
denn warum soll ich wie eine
Schmachtende sein
an den Herden deiner Genossen! ...
Da, eben kommt er!
hüpft über die Berge,
springt über die Hügel! ...
Da, eben steht er
hinter unserer Mauer,
lugt durch die Fenster,
guckt durch die Gitter.“

Übersetzung M. Buber

„Ich bin's, meine Liebe,
der an die Tür schlägt.
Nicht das Gespenst, nicht der,
welcher früher stehenblieb
an deinem Fenster.
Ich schlage die Türe ein,
dringe ein in dein ganzes Leben,
komme, um in deiner Seele zu wohnen:
du kannst nichts tun gegen mich.“

Pablo Neruda

2.3.6 Lichtregie

Die Lichtregie spielt nicht nur in Theaterinszenierungen eine besondere Rolle, sondern ließe sich an vielen Beispielen aus Liturgie und Kirchenbau ebenso zeigen (z.B. als Ostung von Kirchen). Licht hat starke religiöse Valenzen: als Symbol für Gott, für die Auferstehung und das Wiederkommen Christi. Niederbrennende Kerzen können für die Vergänglichkeit stehen oder für Hingabe und Opfer.

Da viele Feiern mit liturgisch Ungeübten am Abend oder in der Nacht stattfinden (s. o. 1.4.4), ist das Licht als Übergang oder als Gegensatz zum Dunkel von zentraler gestalterischer Bedeutung:

- Licht schafft Atmosphäre, z.B. Kerzenlicht.
- Licht setzt Akzente, z.B. Lichtspots, farbiges Licht.

- Besondere Lichteffekte z.B. durch Lichtprojektionen im Raum wecken Erwartungen an eine „andere" Kirche als die bislang erlebte.
- Licht dringt ins Dunkel der Nacht und zieht die Menschen draußen an, z.B. bei einem Gottesdienst für Nachtschwärmer.
- Lichtdesign kann auch einem durchschnittlichen Raum einen Zauber verleihen, z.B. indem die schwachen Raumteile ausgeblendet und Inseln mit starken Lichteffekten geschaffen werden.

Licht gehört deshalb zu den stärksten dramaturgischen Gestaltungsmitteln. Es fordert in der Vorbereitung dem entsprechende Aufmerksamkeit und angemessenen Arbeitsaufwand (s. u. 2.7.1).

▸ Welche Dramaturgie entspricht meinem Anlass?

2.4 Sprache und Textauswahl

Bei den Texten ist zu unterscheiden zwischen

- schon bestehenden literarischen, philosophischen, geistlichen und theologischen Texten (auch anderer Religionen),
- neu und persönlich für den Anlass formulierten Worten,
- liturgischen oder der Liturgie nahen Gebeten, Segensformeln und Fürbitten.[15]

Alle Worte, Texte, Gebete sollten sich die SprecherInnen innerlich aneignen (sie „bewohnen") und vor der Feier mindestens einmal laut sprechen. Wenn sie erklingen und gehört werden, zeigt sich schnell, ob sie für den Anlass und die Teilnehmer stimmen. Texte erfordern eine angemessene sprachliche Inszenierung.

2.4.1 Sprache

Die Sprache für die Feier mit liturgisch Ungeübten ist:

- für das Wort „Gott" und andere starke christliche Worte offen,
- „verständlich, ohne dem Weltdialekt zu verfallen",[16]
- der Sprache des Festes näher als der Sprache des Alltags,
- bildhaft und ausdrucksstark,

[15] Zum Verhältnis der Textsorten zueinander s. o. 2.3.5, zu Wort und Musik oder Stille s. o. 2.3.3 Rhythmisieren.

[16] M. Lätzel, *Den Fernen nahe sein* 128.

- persönlich, authentisch und lebendig,
- sensibel für frauliche und männliche Empfindungen und insofern integrativ,
- nicht hochliturgisch, theologisch-fachsprachlich oder zu pastoral.

So wichtig die Sprache ist, es wird dennoch kaum möglich sein, für alle genau die richtigen Worte zu finden. Der Klang der Stimme (ruhig, warm, zugewandt, zart oder kräftig ...) ist auch deshalb mindestens so wichtig wie die Worte.

Beispiel:
„Nacht der guten Wünsche“

Bevor ich Ihnen den Segen Gottes erbitte, möchte ich Sie einladen, Ihrem Nachbarn einen guten Wunsch mit auf den Weg zu geben. Diese Nacht können wir auch ‚Nacht der guten Wünsche‘ nennen. Ich bin sicher, dass alles, was aus einem liebenden Herzen kommt, von Gottes Segen begleitet wird.

Weihbischof Reinhard Hauke
beim Erfurter Weihnachtslob

2.4.2 Persönlich formulierte Worte

Es kann sich handeln um:

- Vorstellung der LeiterIn des Anlasses und der Mitwirkenden,
- Worte zur Begrüßung oder Verabschiedung,
- Einladungen zu Zeichenhandlungen (s. u. 2.6.3),
- persönliche Zeugnisse (z.B. Berichte von Paaren bei Segnungen am Valentinstag),
- Einleitungen zu biblischen oder anderen Lesungen,
- meditative Impulse,
- Deutung der biblischen oder anderen Lesungen oder der Musik,
- eine Predigt bzw. freie Ansprache.[17]

Beispiel Vorstellung:

Ich begrüße Sie ganz herzlich zur Gedenkstunde für alle verstorbenen Kinder hier in der Offenen Kirche Elisabethen. Ich bin Eva Südbeck-Baur, katholische Seelsorgerin hier in der Kirche, und begrüße Sie auch im Namen von Dorothee Becker, Seelsorgerin in der St. Antonkirche, im Namen von Christa Paeckelmann von Trauernde Eltern ... Sie alle sind persönlich betroffen und engagieren sich ... für die Hinterbliebenen.

Wer zu einer von ChristInnen veranstalteten Feier kommt, die möglicherweise auch noch in einer Kirche stattfindet, möchte nicht „angepredigt“, sondern persönlich „angesprochen“ werden. Gottsuchende möchten erfahren, welche Antwort, welche Hoffnungen, welchen (Lebens-)Sinn, auch: welche

[17] Vgl. dazu auch den unter 5.4 aufgeführten Aufsatz von F. Vogt.

Klage ChristInnen als persönliches, glaubwürdiges Zeugnis anbieten können. Das geschieht durch die verschiedenen Arten von frei formulierten Worten. Sie dürfen emotional sein, aber sie sollen nicht plakativ sein. Sie müssen behutsam und mit Respekt vor den Hörenden wie auch gegenüber der eigenen Glaubensüberlieferung formuliert sein. Bei den frei gesprochenen Worten kann situationsbedingt auch die jeweilige Mundart verwendet werden.

Wünsche:

Sie wollen hören, wie und wo die Predigerinnen und Prediger die geistlichen Maximen, von denen sie sprechen, im eigenen Leben erfahren (oder auch nicht erfahren) haben. ... Die Textauslegung wird zur Lebensauslegung – die Lehre zum Zeugnis.

Fabian Vogt

Eine Ansprache in einer Feier mit Gottsuchenden kann kurz sein. Ganz wegfallen sollte sie nicht, denn eine legitime Erwartung an die christlichen Träger des Feieranlasses ist, dass diese als Personen für ihre Botschaft einstehen und sich nicht hinter Texten oder Formeln verstecken. Sie dürfen und sollen „sich sehen lassen". Das ist eine besondere Herausforderung, gleichzeitig aber eine Chance, den eigenen Glauben tiefer zu verstehen.

2.4.3 Biblische Texte

Zu den liturgischen Qualitätsstandards gehört, dass in jeder gottesdienstlichen Feier das Wort Gottes zu Gehör gebracht wird. Diese Forderung gilt prinzipiell auch für niederschwellige Feiern, denn Christen zeigen hier, was sie lieben (s. o. 1.1.3). Sie geben den Ungeübten eine Chance, mit dem biblischen Wort vertraut zu werden, und sind damit auch eine Hinführung zur Liturgie. Möglicherweise wird man für die Feier auf literarisch ambitionierte, ausdrucksstarke und ungewohnte Übersetzungen zurückgreifen (s. u. 5.1). Sie sprechen mitunter stärker zu suchenden, fragenden, klagenden, liebenden Menschen.

Prinzipiell können alle biblischen Texte in Feiern mit Gottsuchenden zu Gehör gebracht werden. Aufgrund der kräftigen Sprache und dem existentiellen Charakter kommt den Psalmen in der Feier mit Suchenden eine besondere Bedeutung zu (z.B. als Lesung im Dialog mit einem zeitgenössischen Gedicht, als Segenszuspruch Ps 121 am Ende der Feier, als Schrei der Klage in Zeiten von Not und Sprachlosigkeit etc.). Es kann sinnvoll sein, unbekanntere Texte zu wählen (z.B. das Hohe Lied, Hiob), welche überraschen, weil sie z.B. erotische Liebe nicht ausklammern oder harte Gottesanklage zulassen. Für wirklich kirchenferne oder kirchendistanzierte Gäste des Feieranlasses sind jedoch selbst bekannte Erzählungen aus den Evangelien neu und möglicherweise fremd. – Biblische Texte werden in der Regel vom Ambo aus vorgetragen.

Die Auswahl der einzelnen biblischen Texte muss dem Thema des jeweiligen Anlasses einerseits und dem Aufnahmevermögen der Adressaten andererseits entsprechen. Eine Konkordanz (auch im Internet verfügbar) ist hier eine gute Hilfe. Sperrige Texte sollten durch persönlich formulierte Worte erschlossen werden und evtl. durch literarische, philosophische, geistliche und andere Texte in einen zum Nachdenken anregenden Zusammenhang gestellt werden.

2.4.4 Literarische, philosophische, geistliche Texte

Literarische Texte spielen in der Feier mit liturgisch Ungeübten eine besondere Rolle (explizit in Literaturgottesdiensten, vgl. das Beispiel 3.1 und weitere in 5.3). Dabei kann es sich um christliche Literatur bzw. geistliche Dichtung handeln, muss es aber nicht (s. u. 5.2).

Literarische, philosophische und geistliche Texte haben die Funktion

- die Glaubensbotschaft des Anlasses zu unterstützen,
- einen Dialog zu eröffnen,
- oder Kirche bzw. ChristInnen/KatholikInnen mit Anfragen und Kritik zu konfrontieren.

In Feiern mit Gottsuchenden gilt es, Fragen standzuhalten und ehrliche, verständliche und persönliche Antworten zu geben, evtl. auch Fragen offen stehen zu lassen. Literarische, philosophische oder Texte anderer Religionen können stellvertretend für die Teilnehmenden den Part der Anfragen und Kritik übernehmen.

Bei der Verwendung von geistlichen oder literarischen Texten anderer Glaubensgemeinschaften ist Behutsamkeit gefragt: Es darf nicht der Eindruck einer christlichen Vereinnahmung entstehen (z.B. von jüdischen Dichtern wie Paul Celan oder Nelly Sachs).

Wenn die Feier in einem Kirchenraum stattfindet, ist außerdem zu prüfen, was mit der Würde des Kirchenraums vereinbar ist und von welchem Ort Texte anderer Religionen gesprochen werden, z.B. an einem zweiten Lesepult, aus der Mitte der Teilnehmenden heraus, als Einwurf von der Seite etc. Die Würde des Ambos als Ort der Schriftverkündigung sollte respektiert werden.

2.4.5 Gebet und Fürbitte

Gebete sind in Feiern mit liturgisch Ungeübten nicht prinzipiell ausgeschlossen. Sie haben vielmehr gerade im Sinne einer präkatechumenalen oder katechumenalen Einübung in kleinen Schritten ihre Berechtigung.

Wer über Sprachkraft verfügt, wird vielleicht selber ein Gebet für den jeweiligen Anlass verfassen (vgl. dazu die in 2.4.1 genannten Kriterien). Gebete bringen unterschiedliche menschliche Situationen vor Gott: Freude, Dank, Lobpreis, Klage, Bitte und vieles mehr. Als Gebete kommen auch die Psalmen oder literarische Gebete in Form von geistlicher Dichtung in Frage (s. u. 5.1 und 5.2).

Liturgisches Gebet (Oration)

Namensanrede

↓

Erinnerung an Gottes vergangene Taten

↓

Bitte

↓

Mittlerformel / Amen

Beispiel eines neuen Gebets:

**Du, Gott, hast schon so vielen Menschen in Tagen starker und schwerer Gefühle deine Nähe geschenkt. Auch wir sehnen uns danach.
Darum bitten wir, dass wir deine Gegenwart spüren dürfen –
im Vertrauen auf Jesus und den heiligen, lebenserneuernden Geist.
Amen.**

Gebete in liturgischer Hochsprache überfordern zumeist die Teilnehmenden. Auch das „Amen" als Antwort auf ein vorgesprochenes Gebet kennen nicht (mehr) alle Gäste!

Gebete richten sich an Gott – in der Liturgie in der Regel an den Vater durch Christus im Heiligen Geist. Daraus ergeben sich wichtige Fragen:

- Mit welchen Worten kann und soll der Adressat des Gebets in der Feier mit Ungeübten angesprochen werden?
- Handelt es sich eher um ein stellvertretendes Gebet, das sich an die herkömmliche Gebetssprache anlehnen darf, oder um eines, das stärker auf die Befindlichkeit der Gäste abgestimmt sein soll, damit es zu ihrem Gebet wird?
- An welcher Stelle im Raum wird das Gebet gesprochen und in welche Richtung (nach vorne, zum Kreuz, aber nicht zu den Teilnehmenden hin)?

Ob das Gebet des Herrn bei den Teilnehmenden noch bekannt ist und als Zeichen von Wiedererkennen und Beheimatung geschätzt wird, sollte im Vorbereitungsteam (s. o. 2.1.1) diskutiert werden. Dabei stellt sich auch die Frage, ob es vorgesprochen, von allen gesprochen oder gesungen und allenfalls auf einem Textblatt abgedruckt wird. Auf jeden Fall sollte den Gästen nicht der Eindruck vermittelt werden, dass sie nicht mitvollziehen können, was ihnen als offene Feier angeboten wurde, weil ihnen dafür die traditionellen Gebetsworte fehlen.

Fürbitten können von einer oder mehreren Personen gesprochen und mit einer Zeichenhandlung wie dem Einlegen von Weihrauch oder dem Entzünden einer Kerze verbunden sein. Gemeinsames Antworten mit einem einfachen Vers oder einer gesungenen Akklamation ist je nach Teilnehmerkreis eventuell möglich.

▸ Mit welchen Worten kann ich Gott suchende Menschen am besten erreichen?

2.5 Musik

Musik gehört für Menschen unterschiedlichster Kulturen und Zeiten zu Fest und Feier. Musik gehört deshalb selbstverständlich auch zur Feier des Gottesdienstes – und erst recht zu Feiern mit liturgisch Ungeübten.[18]

Musik ist ein Klangereignis im Raum. Was akustisch und emotional „mitschwingt", wenn Menschen musizieren, gibt es vor allem „live" und nicht auf CD. Deshalb gebührt der Livemusik der Vorrang. Das Abspielen von CDs kann gelegentlich angebracht sein, muss aber gut überlegt sein (Qualität der Anlage, Akustik des Raumes).

> Musik im Gottesdienst transportiert Inhalte und Emotionen und unterstützt Menschen, zu sich selber und zu Gott zu kommen. Musik ist eine Form des Gebetes.
>
> *Liturgie ist jugendgemäß, wenn ...*

Weil Musik eine Sprache eigener Qualität ist, ist Kirchenmusik in offenen Feierformen grundsätzlich möglich, selbst wenn vielleicht nicht alle Texte von den Mitfeiernden so verstanden werden, wie ChristInnen sie hören. Manchmal erwarten die Gäste auch Kirchenmusik und bekannte Kirchenlieder (z.B. Erfurter Weihnachtslob).

Die Auswahl der Musik und die Vorbesprechung des Anlasses mit MusikerInnen ist deshalb einer der wichtigsten Schritte in der Vorbereitung.

---

[18] Vgl. auch: *Musik im Kirchenraum außerhalb der Liturgie.* 1. Juli 2005. Hg. vom Sekretariat der Deutschen Bischofskonferenz. Bonn 2005 (Arbeitshilfen 194). Anders als der Titel vermuten lässt, geht es dabei nicht nur um Konzerte in Kirchen.

2.5.1 Kriterien für die Auswahl

Die Verantwortlichen können sich von folgenden Fragen leiten lassen:

- Welche Musikrichtung oder welcher Musikstil spricht meine Adressaten am meisten an (z.B. klassisches Repertoire für ein eher bürgerliches Publikum, freie Improvisationen für ein Szene-Publikum etc.)? Soll der geistlichen Musik Priorität eingeräumt werden?
- Welche Musik harmoniert mit den Inhalten des Anlasses am besten? (z.B. Klezmer-Musik zu einem Anlass mit dem Thema Ruhe – Sabbat)
- Welche Musik oder sogar welches Instrument unterstützt oder evoziert die Feierstimmung, die dem Anlass und der Gestimmtheit der Adressaten entspricht?
- Entspricht die Musik dem gewählten Raum, oder wird es Menschen geben, für die diese Musik nicht in einen Kirchenraum gehört?[19]
- Welche musikalischen Ressourcen gibt es vor Ort (Chöre, Jugendbands etc.)?

Contra:

Auch in einem Valentinsgottesdienst sollte die Musik und der Gesang nicht zum reinen Dekor verkommen. Wenn zum Gottesdienst nur lovesongs aus Klassik, Pop und Rock gespielt und gesungen werden, ist die überholte Vorstellung der Umrahmung durch Musik gegeben. Und nicht einmal das, denn in diesem Fall geht es ja nur noch um das Verbreiten einer Stimmung und überhaupt nicht mehr um den Ausdruck einer liturgischen Handlung. Die Musik als wesentliches Element der Liturgie und Träger ihrer Aussage ist ins Dekorative abgeglitten, deren Sinn – und das ist Kitsch – in der Vermittlung einer Stimmung liegt.

Guido Fuchs

Zu prüfen ist außerdem:

- Beherrschen und schätzen die Mitfeiernden christliches Liedgut, so dass Lieder zum Mitsingen einbezogen werden können? Wenn die Gäste des Anlasses wirklich Ungeübte sind, kann das nicht vorausgesetzt werden!
- Falls das Mitsingen als Form aktiver Teilnahme von den Vorbereitenden gewünscht wird und gleichzeitig Fragen im Hinblick auf die Möglichkeiten des Einstimmens der Gäste bleiben, könnte dann eine Vorsängergruppe oder ein Chor die notwendige Unterstützung bringen?

[19] Vgl. dazu auch das Schreiben der Kongregation für den Gottesdienst „*über Konzerte in Kirchen*“ vom 5.11.1987 (*Dokumente zur Erneuerung der Liturgie* Nr. 6007–6017). Feiern mit Gottsuchenden waren damals noch nicht im Blick.

- Kann die Musik als Werbemittel in der Ankündigung eingesetzt (weil z.B. die Harfenistin eingeladen ist, die aus dem Ort kommt und von allen geschätzt wird) oder beim Anlass selber als „Lockmittel" verwenden werden (z.B. Musik, die durch geöffnete Türen in die warme Sommernacht dringt und Neugierige anzieht)?

2.5.2 Musik als Teil der Dramaturgie

In der Absprache mit den MusikerInnen sind insbesondere Fragen der Dramaturgie des Anlasses zu besprechen, z.B.:

- Wie kann die Musik zum Spannungsaufbau beitragen?
  Z.B. meditativer Beginn, finale-artiges Ende.
- Was kann die Musik zur inneren Kohärenz des Anlasses beisteuern?
  Z.B. ein sich wiederholendes, leicht erkennbares musikalisches Thema.
- Welche Musik unterstützt starke Emotionen oder fängt diese auf?
  Z.B. Improvisationen, die in emotional belastenden Situationen oder nach sehr expressiven Texten vom Wilden und Aufwühlenden zu mehr Gelassenheit und Ruhe hinführen.
- Wie soll das Verhältnis von Musik und Text gestaltet werden?
  Z.B. Musikunterlegung von Texten, Musik als Interpretation von Texten, Musik zum Nachklingenlassen der Gedanken.

MusikerInnen haben in der Regel ein waches Gespür für Fragen der Gestaltung und der Dramaturgie. Die kreativen Ideen der Musizierenden geben vielen Anlässen ein starkes Profil. Wer Feiern für liturgisch Ungeübte vorbereitet, wird auf Talente stoßen, denen Raum gegeben werden darf!

2.5.3 MusikerInnen als liturgisch Ungeübte

Musizierende können auch zu Adressaten der Feier werden, denn sie sind nicht immer christlich sozialisiert oder sie haben sich irgendwann enttäuscht von der Kirche abgewandt. In Feiern mit Gottsuchenden können sie selber neue, positive Erfahrungen mit der Kirche und dem christlichen Glauben machen. Im O-Ton hört sich das z.B. so an: „Dieser Matthäus war auch nicht schlecht!" (ein Saxofonist). – Das setzt natürlich echte und warme Wertschätzung der musikalischen Leistung durch die Vorbereitenden voraus!

> ▸ Mit welcher Musik entspreche ich dem Inhalt des Anlasses wie den Teilnehmenden und der erwünschten Atmosphäre?

2.6 Symbole und Rituale

Feiern ist ein sinnlich-ganzheitliches Geschehen. Deshalb spielt das Zeichenhandeln hier eine besondere Rolle – auch und vielleicht gerade in Feiern mit Gottsuchenden. Die Nähe zu den bekannten gottesdienstlichen Symbolen, Zeichen, Ritualen ist unterschiedlich.[20] Nicht alles muss neu erfunden werden, es gibt bewährte Zeichen und Handlungen wie z.B. Kerzen und das Segnen. Oft werden neue Zeichensequenzen gefunden. Das Handeln mit Symbolen dient nicht dazu, den Anlass unvergesslich zu machen oder Erinnerungsstücke mit nach Hause zu tragen. Es ordnet sich vielmehr der Dramaturgie der Feier unter und dient dem inhaltlichen Anliegen des Anlasses. Die traditionellen Handlungsorte im Kirchenraum sind dabei zu achten, also: Schwimmkerzen gehören nicht in das Taufbecken.

2.6.1 Echtheit und Wahrhaftigkeit

Echte Symbole werden nicht *erfunden*, sondern *gefunden*. Authentisches rituelles Handeln mit Zeichen und Symbolen wird nicht *gemacht*, sondern *entdeckt*. Die Verben „erfinden" und „machen" bringen zum Ausdruck, dass etwas außerhalb des unmittelbaren religiösen Lebenskontextes hervorgebracht oder hergestellt wurde. Solchen Symbolen und solchem Zeichenhandeln haftet leicht etwas Gewolltes an.

Gottsuchende haben meist eine hohe Sensibilität, die sie befähigt, zwischen Echtem und Unechtem, zwischen Authentischem und Unwahrhaftigem zu unterscheiden. Besser als Symbole zu „erfinden", wäre, auf bewährte, also traditionell-christliche Symbole zurückzugreifen.

Die Verben „finden" und „entdecken" stehen dagegen für ein Tun, das sich in einen Lebenszusammenhang hineinstellt und in ihm die Zeichen und Handlungssequenzen sieht, die diese Lebenssituationen deuten, begleiten, lösen oder auch überwinden können. Gefunden und entdeckt werden Symbole und Zeichenhandlungen, die zu dieser Situation und damit zu den daran beteiligten Menschen passen. Sie sind ihnen nicht fremd, sondern werden als angemessen erkannt und anerkannt.

[20] Zeichen und Symbol werden hier nicht begrifflich unterschieden. Beide sind hier positiv verwendet, also nicht im Sinn von „nur ein Zeichen", „nur ein Symbol". Die Diskussion um den Zeichen- und den Symbolbegriff ist philosophisch wie theologisch so vielschichtig und differenziert, dass sie hier nicht berücksichtigt werden kann.

Für die Vorbereitung bedeutet das:

- die Lebenssituation der Gäste (allgemein und natürlich auch religiös-spirituell) möglichst genau kennen und sich *einfühlen*,
- Zeichen, Symbole und rituelle Handlungen *entdecken*, die dieser Situation entsprechen und die religiös Suchende verstehen, ohne dass sie zuvor „Liturgie lernen" müssen,
- *prüfen*, ob oder wie diese Elemente der christlichen Tradition entsprechen und so gleichzeitig auch als authentisch christliches Handeln erkannt werden können,
- die gefundenen Symbole und Rituale vor ihrer Verwendung in der Feier einerseits im Gespräch mit Gottsuchenden überprüfen und sie andererseits wie in einer Generalprobe mindestens einmal *erproben* – und je nachdem daran weiterarbeiten etc.
- entscheiden, ob oder welches Begleitwort zu einem Zeichen(-handeln) gesprochen werden soll.

2.6.2 Zivilreligiöse Symbole: Kerzen – Blumen – Fotos

Im Hinblick auf die Lebenszusammenhänge und die Verstehbarkeit von Zeichen und Zeichenhandlungen dürfte eine Sichtung zivilreligiöser Symbole weiterhelfen.[21] Daraus ergeben sich zum Teil von selbst bereits schlüssige rituelle Handlungssequenzen.

Wer sich an Medienberichte nach dem Tod von Lady Diana erinnert, wird ein Meer von Blumen vor sich sehen, dazwischen Fotos, Luftballons in Form eines Herzens, vielleicht Kerzen und Briefe an die Verstorbene. Kerzen, Blumen und Fotos waren auch auf Fotos nach dem Tod von Benazir Bhutto zu sehen. Sie sind als Zeichen der Erinnerung in der Lebenssituation von Abschied und Trauer offenbar sogar über den europäischen Kontext hinaus verständlich. Beim Tod von Lady Di hat wohl kaum jemand überlegt, welche Zeichen und Zeichenhandlungen jetzt angemessen sind – die Menschen haben sie unwillkürlich selber gefunden, ähnlich wie bei den kleinen Holzkreuzen am Straßenrand, die an Verkehrstote erinnern.

---

[21] L. Friedrichs, *Dem Unbegreiflichen Sprache geben. Zivilreligiöse Kasualgottesdienste als Herausforderung an Kirchen heute*, in: *Liturgie mit offenen Türen. Gottesdienst auf der Schwelle zwischen Kirche und Gesellschaft*. Hg. von I. Mildenberger u. W. Ratzmann. Leipzig 2005, 139–152, besonders 146–149 (Beiträge zu Liturgie und Spiritualität 13).

Auch bei Katastrophenfällen und dementsprechend bei Abschieds- oder Gedenkfeiern begegnen diese Symbole wieder.[22] So spielten Kerzen für Opfer und Täter nach dem Amoklauf in Zug wie in Erfurt eine besondere Rolle. Diskutiert wurde im Vorfeld und im Nachhinein über die Kerze für den Täter. Symbole sind also alles andere als harmlos, ihre Verwendung will sehr genau überlegt sein.

Kerzen, Blumen und Fotos sind Symbole auf der Grenze von Leben und Tod:

- das Brennen der Kerze und ihr Verlöschen, auch: die Hoffnung des Lichts angesichts des Dunkels,
- die Schönheit und Lebensfülle der Blumen und ihre kurze Blütezeit vor dem Vergehen, auch: die besondere Zuwendung zum anderen Menschen im Zeichen von Rosen und anderem;
- der einmalige Augenblick, den ein Foto einfängt, und auch: das Bleiben der Erinnerung für jene, die das Foto anschauen.

Nicht alle niederschwelligen Feiern thematisieren Tod, Abschied, Trauer, Erinnerung, aber es sind durchaus viele verschiedene neu entstandene Feierformen, die genau diese biographische Schwellensituation aufgreifen (s. o. 1.4.2). Es ist deshalb nicht überraschend, wenn in diesen Feiern insbesondere Kerzen, aber auch Blumen und Fotos Verwendung finden.

Kerzen haben dabei den stärksten Rückhalt in der christlichen Tradition: durch ihre Verwendung im Gottesdienst und den damit verbundenen Rückverweis auf Christus als das Licht. Berücksichtigt man, dass auf den Fotos im Lebenszusammenhang von Abschied und Trauer immer das Gesicht eines Menschen zu sehen ist, so wird man als Christ den jüdisch-christlichen Grundgedanken vom Antlitz der Person vor Gott mit-sehen dürfen. Schwieriger scheint es dagegen mit den Blumen zu sein, will man nicht die Lilie auf dem Felde bemühen oder die Vergänglichkeit des Grases.

Zwischen den drei zivilreligiösen Symbolen und liturgischen Symbolen gibt es eine weitere Parallele: Sie sind Teil einer Handlung. Die Blumen und Fotos wurden am Zaun des Buckingham-Palace niedergelegt. Kerzen werden entzündet. Briefe an Lady Di wurden geschrieben und symbolisch an sie abgeschickt. Symbole in offenen Feierformen werden deshalb meist Teil einer Zeichenhandlung sein.

---

22 Das Titelblatt der Arbeitshilfe zeigt einen Lichtritus bei der Gedenkstunde für verstorbene Kinder in der Offenen Kirche Elisabethen Basel.

2.6.3 Rituelle Handlungssequenzen

Rituelle Handlungssequenzen können sehr kurz sein: eine Kerze entzünden, einen Namen in ein Buch schreiben, etwas an eine bestimmte Stelle im Raum tragen und dort niederlegen, jemandem ein Kreuz auf die Stirn zeichnen etc. Handlungen verändern etwas: Die Kerze, die vorher nicht gebrannt hat, leuchtet jetzt. Die Handlung bewirkt die Zustandsveränderung. Handlungen geschehen auf unterschiedliche Weise: durch Worte oder durch Tun mit Zeichen oder eine Verbindung von beidem. In Feiern – liturgischen und vorliturgischen – vollziehen sich die meisten Handlungen durch Worte oder durch Einbeziehung von menschlichem Körper und nichtmenschlicher Dingwelt in die Handlung: Ich segne dich – dazu ein Zeichen mit der Hand (bzw. dem Daumen) – die andere Person wird zur Gesegneten.

Zum rituellen Handeln gehört, dass etwas sehr häufig wiederholt werden kann, ohne sich dabei in seinem grundsätzlichen Sinn zu verbrauchen: Eine Kerze anzuzünden bleibt auch nach 2000 Jahren und mehr ein Zeichen, dass das Dunkel gewichen ist.

Zu Feiern mit liturgisch Ungeübten gehören kürzere oder längere rituelle Handlungssequenzen, weil es für die Feiernden nicht um ein statisches Verharren geht, sondern weil viele Gottsuchende mit der Erwartung kommen, dass „etwas" mit ihnen passiert: Etwas soll mit ihnen oder in ihnen anders werden, vielleicht nur im Kleinen.

Rituelle Handlungssequenzen können solche Zustandsänderungen nicht machen, denn auch in niederschwelligen Feiern bleibt Gott der zuerst und zutiefst Handelnde. Sie können dem Handeln Gottes, wie ChristInnen es aus der Bibel, aus der langen christlichen Glaubensgeschichte und aus ihrem eigenen Leben kennen, Ausdruck verleihen im Handeln mit Worten und Zeichen.

Vielleicht wird ein schön gestaltetes Buch – ein „Totenbuch" oder „Buch des Lebens" – von einem Ort seiner Verwahrung geholt (mit Kerzen?), auf einem besonderen Ort oder in dessen Nähe (Altar?) niedergelegt, um den schon dort verzeichneten Namen weitere hinzuzufügen (vorlesen – schreiben – erinnern). Vielleicht wird dieser rituelle Schreibvorgang mit einem Gebet (laut oder leise?) begleitet, vielleicht wird das Buch herumgegeben, damit alle die Namen lesen können. Oder Kerzen werden vor dem Buch aufgestellt oder es wird von Blumen umgeben. Am Ende wird das Buch vielleicht wieder (in geöffnetem Zustand oder geschlossen?) an seinen ursprünglichen Ort gebracht. Das Buch mit den Namen erscheint als ein Buch jener, deren Name und Antlitz vor Gott Bestand hat und nicht vergessen ist. Auch Fürbittbücher, die in vielen Kirchen ausliegen, können in rituelle Sequenzen einbezogen werden.

Für die Vorbereitung ergeben sich aus diesen Überlegungen und Beispielen einige Leitfragen:

- Welcher (Lebens-)Situation soll in der rituellen Handlung Ausdruck verliehen werden? Was wäre der Zustand vor der Handlung – was der Zustand nach der Handlung, wenn diese glückt und überzeugt?
- Ist die rituelle Sequenz grundsätzlich wiederholbar oder verbraucht sie sich womöglich sehr schnell?
- Welche Zeichen und welche Worte sollten die Handlung begleiten? Welche kennen und verstehen die Adressaten?
- Wo im Ablauf der Feier soll die rituelle Handlung vollzogen werden (s. o. 2.3)?
- An welchem Ort im Feierraum soll die rituelle Handlung stattfinden (s. o. 2.2.4)?
- Wie lang darf die rituelle Handlungssequenz sein, damit alle Feiernden sie mitvollziehen können und gleichzeitig die Spannung oder Konzentration erhalten bleibt?
- Welche kurzen Handlungssequenzen sind unverzichtbar?

2.6.4 Segenshandlungen

Segensgebete haben in vielen niederschwelligen Gottes-Feiern eine konstitutive Bedeutung (zu Möglichkeiten und Grenzen des Segenshandelns s. o. 1.2.6). Sie entsprechen biographischen Erwartungen in besonderer Weise (s. o. 1.2.2 und 1.4.3). Deshalb ist die Gefahr, dass sie als christliche Vereinnahmung erfahren werden, eher gering. Alles sollte dennoch mit dem nötigen Respekt vor denen formuliert sein, die noch auf dem Weg der Gottsuche sind. Ein ausdrucksstarker oder bildhafter Schlusssegen – auch in biblischer Sprache wie durch einen Psalm oder den Aaronitischen Segen – entspricht in der Regel den Wünschen der Teilnehmenden (Literatur s. u. 5.2).

Die Pastorale Einführung ins Benediktionale (PE) gibt einige Hinweise, die auch für niederschwellige Feiern zu bedenken sind:

- Die Gläubigen müssen in den Sinn des Segnens eingeführt werden (PE 16), weil das Segenshandeln missverstanden werden kann (als religiöse Absicherung, als magisches Tun etc.).
- ChristInnen segnen mit dem Zeichen des Kreuzes (PE 28).
- Die Handauflegung oder Handausstreckung bringt den Segen Gottes besonders stark zum Ausdruck (PE 31).
- Öl oder Salbe ist vom Benediktionale nicht für Segenshandlungen vorgesehen.[23]
- Auch Segenshandlungen mit Gottsuchenden sind keine privaten Feiern (PE 17).

In der Vorbereitung sollte überlegt werden:

- Wer nimmt die Segnung vor? Wen erwarten die Mitfeiernden? Einen Amtsträger? Eine Frau? Eine ältere oder eine jüngere Person? Was ist liturgisch und theologisch angemessen?[24]
- Wo im Kirchenraum soll die Segnung stattfinden? Soll dieser Ort öffentlich sichtbar sein oder braucht es eine Atmosphäre von Schutz und Geborgenheit (eine Seitenkapelle etc.)?
- Wie wird kommuniziert, wofür Segen erbeten wird? Oder sollen die Personen, die einen Segen wünschen, der segnenden Person vorher mit wenigen Sätzen sagen, wofür sie Gottes Segen erbitten?
- Welches Setting soll die Segenshandlung bestimmen? Stehen, sitzen, knien? Gibt es Personen, die dem Segen assistieren, indem sie z.B. neben oder hinter der zu segnenden Person stehen, dieser die Hand auf die Schulter legen, sie in einem Teil des Raums abholen oder dorthin zurückgeleiten und vielleicht hinterher zum Gespräch bereitstehen? Kann ein Segen in einem geschlossenen Kreis von Menschen erteilt werden? Signalisiert der geschlossene Kreis eher Gemeinschaft oder eher Abgeschlossenheit der Gesegneten nach außen?

---

23 Wahrscheinlich soll damit der Verwechslung mit einer Krankensalbung vorgebeugt werden. Ob Duftöl in offenen gottesdienstlichen Inszenierungen verwendet werden soll, ist mit der nötigen Diskretion im Einzelfall zu prüfen.

24 „Je mehr eine Segnung auf die Kirche als solche und ihre sakramentale Mitte bezogen ist, desto mehr ist sie den Trägern des Dienstamtes (Bischof, Priester, Diakon) zugeordnet. … Priester, Diakon oder beauftragte Laien segnen im Leben der Pfarrgemeinde oder im örtlichen öffentlichen Leben; Eltern segnen in der Familie." Pastorale Einführung ins Benediktionale Nr. 18. Für den Bereich der deutschen Bischofskonferenz vgl. auch *Zum gemeinsamen Dienst berufen. Die Leitung gottesdienstlicher Feiern – Rahmenordnung für die Zusammenarbeit von Priestern, Diakonen und Laien im Bereich der Liturgie.* Die deutschen Bischöfe. 8.1.1999. Hg. vom Sekretariat der Deutschen Bischofskonferenz. Bonn 1999, Nr. 53–55 (Hirtenschreiben und Erklärungen Nr. 62).

- Segen zu erbitten und zu empfangen weckt mitunter starke Emotionen – das muss von allen Mitfeiernden respektiert werden.
- Segnungen bilden innerhalb des Ablaufs der Feier normalerweise nicht das letzte Element – ein gemeinsamer Abschluss der Feier wäre sonst nicht möglich. Was ist vom Handlungsbogen her nach der Segnung für alle Mitfeiernden sinnvoll (also auch für jene, die in dieser Feier keinen Segen erbeten haben!)? Was dürfte vom Empfinden der Adressaten her nach der Segenshandlung nicht fehlen: Stille? Musik? Meditative Texte?

2.6.5 Kleidung als Kommunikation mit den Adressaten

Kleidung setzt Zeichen – im Alltag, in der Liturgie und selbstverständlich auch in einer Feier mit liturgisch Ungeübten. Kleidung hilft, sich auf einen Anlass einzustellen, sie bestimmt die Atmosphäre mit. Bereits das Wort „Feier" gibt daher eine erste Orientierung für die Kleiderordnung:

- nicht nachlässig,
- keine Sport- oder ähnliche Freizeitkleidung (Turnschuhe etc.),
- vielmehr: dem Grad des Festlichen entsprechend.

Aufgrund der Aufmerksamkeit für die Adressaten ist auch zu fragen:

- Könnten starke Unterschiede im Niveau der Kleidung zwischen den Verantwortlichen und Gästen von diesen als Geste der Distanzierung erlebt werden?
- Könnte eine Anpassung an die Art, wie die Gäste sich kleiden, auch als Anbiederung empfunden werden?

Damit zusammenhängend entscheidet sich an der Erwartung der Adressaten, ob christlich konnotierte Accessoires oder liturgische Kleidung grundsätzlich angemessen ist, und wenn ja, welche Ausstattungsstücke (zwischen Tau-Kreuz und vollständigem Bischofsornat). Für einen Operngottesdienst z.B. ist liturgische Kleidung weniger passend als für einen Segensgottesdienst.

In der Frage nach der angemessenen Kleidung ist weiter zu unterscheiden zwischen den unterschiedlichen Rollen der Mitwirkenden (LeiterIn, SprecherIn, MusikerInnen etc.) sowie der Stelle im Raum, an der diese Personen ihre Rolle wahrnehmen, z.B.:

- bei einer Begrüßung am Eingang des Raumes: gehobene Alltagskleidung,

- an zentraler Stelle im Raum: feierliche Kleidung oder liturgische Kleidung entsprechend dem Feieranlass und dem kirchlichen Dienst der LeiterIn.

▸ Mit welchen Zeichen, Symbolen und Handlungen bringe ich authentisch und echt religiöse Lebenssituationen meiner Gäste zum Ausdruck?
▸ Welche Zeichen möchte ich durch meine Kleidung setzen?

2.7 Logistische Voraussetzungen

Die technische Infrastruktur spielt in der Feier mit liturgisch Ungeübten eine größere Rolle als in gewöhnlichen Gottesdiensten. Deshalb ist es wünschenswert, wenn der gewählte Raum über entsprechende Möglichkeiten verfügt oder bei wiederkehrenden Anlässen allmählich besser ausgestattet wird.

Vor der Feier ist entsprechend Zeit einzuplanen, um alle logistischen Arbeiten auszuführen, bevor die Teilnehmenden eintreffen und um vor Beginn des Anlasses für die Mitwirkenden (s. o. 2.1) eine Zeit der Sammlung freizuhalten. Zur Vorbereitung können auch kleinere oder größere Umbauten im Raum gehören sowie das Schmücken des Raumes oder die Bereitstellung alles dessen, was für Zeichenhandlungen erforderlich ist.

Ein kalter (Kirchen-)Raum bietet allenfalls im Hochsommer angenehme Temperaturen. Zum einladenden Charakter der Feiern mit liturgisch Ungeübten gehört es deshalb, für eine dem Empfinden der Gäste (!) angenehme Temperatur zu sorgen, was sich aus Kostengründen oder aufgrund von Vorgaben des Denkmalschutzes mitunter schwierig gestalten kann.

2.7.1 Licht

Für die Lichtregie kommt nicht nur Tages- und Kerzenlicht in Frage. Die gute Ausleuchtung eines Kirchenraums mit unterschiedlichen Einstellungen gehört jedoch (noch) nicht zum allgemein üblichen Standard. Wo unterschiedliche Schaltungen möglich sind (dimmen, liturgische Funktionsorte einzeln beleuchten, den Raum der Gläubigen abdunkeln oder erhellen etc.), sollten diese Möglichkeiten genutzt werden. Möglicherweise sind zusätzliche Installationen von Scheinwerfern, eventuell farbigem Licht oder farbigen Bildern (über Diaprojektoren, Beamer etc.), vielleicht sogar Nebelwerfer dem Anlass entsprechend hinzuzunehmen. Dadurch entsteht natürlich erheblicher Arbeits- und auch Finanzierungsaufwand (s. u. 2.8.1).

Wo (Kirchen-)Räume über keine ausreichenden lichttechnischen Möglichkeiten verfügen, könnte im Team diskutiert werden, ob der Anlass nicht zum Auslöser für eine Optimierung des Feierraums werden soll, die auch den sonst dort Feiernden (der Pfarrei) zugutekommt. Schwächen im Raumkonzept lassen sich oft durch Licht korrigieren – es bedarf nicht immer einer Sanierung des ganzen Kirchenraums, um die Feieratmosphäre zu heben.

2.7.2 Mikrophon und Musikanlage

Eine Mikrophonanlage gehört in vielen Kirchenräumen zur Grundausstattung. Sie muss gut auf den Raum eingestellt sein. Zusätzlich zum Mikrophon am Ambo für eine biblische Lesung bedarf es oft eines weiteren feststehenden oder besser noch: eines portablen Mikrophons. Die LeiterIn sowie SprecherInnen machen selbstverständlich rechtzeitig vor Beginn der Feier eine Mikrophonprobe im Raum.

Findet der Anlass nicht im Kirchenraum statt, sind rechtzeitig die Notwendigkeit bzw. das Vorhandensein einer entsprechenden Anlage zu prüfen.

Eine Musikanlage ist in der Regel nicht erforderlich. Bei zeitgenössischer Musik oder bei sehr teilnehmerstarken Anlässen ist gegebenenfalls elektronische Verstärkung notwendig

▸ Welche technische Infrastruktur ist für den Anlass nötig oder wünschenswert?

2.8 Vorher und Nachher: Von der Werbung bis zur Evaluation

2.8.1 Finanzierung

Der Finanzierungsbedarf ist sehr unterschiedlich. Er hängt in erster Linie ab von

- Honoraren für MusikerInnen, SprecherInnen und andere Beteiligte,
- Bedarf an technischer Ausstattung,
- Werbekosten,
- Auslagen für einen Imbiss nach der Feier.

Als Finanzierungsmöglichkeiten kommen in Frage:

- eigene Mittel der Einladenden (bei kleineren Anlässen, finanzstarken Pfarreien oder durch Aufteilung auf verschiedene Veranstalter),
- Bitte um eine Spende seitens der Teilnehmenden, jedoch kein Eintrittsgeld,
- Unterstützung durch Sponsoren,
- ehrenamtliche Tätigkeit von SprecherInnen und MusikerInnen,
- unentgeltliche Bereitstellung von Technik oder von Werbemaßnahmen (z.B. kostenlose Anzeigen in den lokalen Medien).

Die Plausibilität des Anlasses und die Qualität der Feier entscheiden darüber, ob und in welchem Umfang eine externe Finanzierung möglich ist oder nicht.

2.8.2 PR-Arbeit

Grundsätzlich gilt:

> „1. Gute Werbung kennt sehr genau die Menschen, die sie ansprechen möchte, und stimmt alle Maßnahmen auf diese Zielgruppe ab.
> 2. Gute Werbung lebt von einfachen Ideen, starken Worten und starken Bildern.
> 3. Gute Werbung muss verkaufen, sonst hat sie versagt.“[25]

Das Vorbereitungsteam wird Ziele und Zielgruppen diskutieren und nach Möglichkeit festlegen (s. o. 2.1.1). Weiter sollte für die PR-Arbeit eine Person benannt werden, die viele Kontakte hat und/oder die Informationskanäle vor Ort gut kennt und kommunikativ begabt ist. Als Informationswege kommen in Frage:

- am Veranstaltungsort selber: mündliche Ankündigungen bei anderen Veranstaltungen (im Gottesdienst z.B.), Plakate, Info-Material zum Mitnehmen,
- Geschäfte oder Kneipen in der Region, in der Stadt, im Stadtteil, im Dorf (Plakate, Info-Material),
- Zeitungen: Gratis-Blätter oder Tageszeitungen,
- Radio (lokale oder überregionale Sender),
- E-Mail, SMS (besonders bei Feiern mit Jugendlichen),
- Mundpropaganda!!!

[25] R. B. Dietz, *Riten und Rituale in säkularer Gesellschaft*, in: *Heute Gott feiern. Liturgiefähigkeit des Menschen und Menschenfähigkeit der Liturgie*. Hg. von B. Kranemann, E. Nagel und E. Nübold. Freiburg u.a. 1999, 93–99, hier: 95.

Jedem Informationsweg entspricht ein Zeitfenster: Die Veranstaltungshinweise von Tourismusbüros liegen oft schon Monate vor einer Veranstaltung auf, die SMS wird dagegen erst am Tag der Feier versendet etc. Der richtige Zeitpunkt entscheidet mit, ob jemand sich auf den Weg macht oder nicht.

Für Fragen des Layouts von Werbematerial (Flyer, Plakate, Postkarten, Lesezeichen, Logo etc.) wird man gerne Fachleute hinzuziehen, um von ihnen zu lernen. „Eye catcher“ dürfen sein, sie sollten aber nicht zu emotional sein. Die Werbung darf nichts versprechen, was nicht gehalten werden kann. Frauen und Männer sollten sich gleichermaßen angesprochen fühlen.

Der Werbeaufwand muss dem Anlass entsprechen. Ebenso wichtig wie die professionelle Gestaltung von Werbematerial sind die menschlichen Kontakte zu Multiplikatoren und die Mundpropaganda vor dem Anlass. Was den jeweiligen Anlass so speziell macht, das muss für die Multiplikatoren wie für die Eingeladenen, aber auch mögliche Spender in wenigen, klaren Sätzen zu beschreiben sein.

Beim Feieranlass selber sollten Infos ausliegen, die auf weitere Feierangebote hinweisen und kurz die Intentionen der Einladenden verdeutlichen.

2.8.3 Der Name für den Anlass

Er muss so griffig und plausibel sein, dass jede und jeder sich diesen Namen schnell einprägt und mit positiven Assoziationen belegt. Deshalb sollte im Vorbereitungsteam intensiv über diesen Namen diskutiert werden!

Der Name kann sich an kirchliche Gepflogenheiten anlehnen, wenn er gleichzeitig Überraschung und Neugier hervorruft. Beispiele für Namen:

- „herzwärts“ (Valentinstag, Bern)
- „Salbung der Wunden“ (Zürich)
- „Aschermittwoch der Künstler“ oder „Aschermittwoch der Künste“
- „Missa poetica“ (deutsche evangelische Kirchentage)
- „Operngottesdienst“ (Küsnacht reformiert)
- „come2stay“ (Sonntagabend-Gottesdienst der Jugendkirche Wien)

Dem Namen sollte ein Untertitel hinzugefügt werden, der den Anlass erklärt und damit die Erwartungen lenkt, z.B. „Offene Tore in Herz Jesu. Ein Angebot für alle, die sich nach neuen Erfahrungen mit Liturgie und Spiritualität sehnen: Sehen – Hören – Staunen.“

2.8.4 Gesprächsangebote

Einen kleinen Imbiss oder eine andere Form für ein Gesprächsangebot im Anschluss an die Feier anzubieten, legt sich aus mehreren Gründen nahe:

- um die „treuen Kirchenfernen" kennenzulernen, ihren Anfragen an die Kirche offen begegnen zu können, die negativen Erfahrungen mit der Kirche zu hören, auszuhalten, Antworten zu versuchen;
- um Emotionen aufzufangen, die durch biographiebezogene Feiern ausgelöst werden können und denen nicht jede oder jeder gewachsen ist;
- um vor oder nach Gesprächen anlässlich von Taufe, Trauung, Begräbnis nach einem Erstkontakt mit kirchenfernen Getauften eine weitere Gesprächsmöglichkeit anzubieten;
- um ein direktes oder indirektes Feedback zum Anlass von den Teilnehmenden zu erhalten.

2.8.5 Evaluation

Es reicht nicht, wenn die Verantwortlichen sich nach dem Anlass bestätigen, dass es „schön war" – so sehr das natürlich allen zu wünschen ist.

- Was genau haben die Verantwortlichen als schön/gelungen erlebt?
- Was ging ihnen unter die Haut?
- Wie haben sie sich selbst gegenüber den Gästen erlebt?
- Sind diejenigen gekommen, die man gerne ansprechen wollte, oder andere?

Niederschwellige Feiern orientieren sich an den Adressaten. Deshalb sind die Rückmeldungen der Mitfeiernden sehr wichtig, auch wenn sie nicht immer leicht einzuholen und zu bewerten sind.

- Haben die Mitfeiernden sich angesprochen gefühlt? Sind ihre Anliegen angemessen vorgekommen? Gab es „Aha-Effekte"?
- Was hat sie gestört? Wo wurde es unruhig während der Feier? Wo herrschte gesammeltes Schweigen oder eine sehr konzentrierte Gespanntheit?
- Wenn jemand während der Feier gegangen ist: Lassen sich Gründe erkennen? Musik, Texte, Dramaturgie, zu starke emotionale Beanspruchung?

Schließlich stellt sich die Frage, ob oder wie es weitergehen soll:

- Genau gleich wiederholen, weil es für Verantwortliche und Teilnehmende so gut war?
- Ein gleichbleibendes Gerüst entwickeln und Abwechslung innerhalb dieses Rahmens schaffen?
- Verändern, um Abnutzung zu vermeiden, um andere Adressaten anzusprechen, um Ressourcen im Team, bei Mitveranstaltern und anderen Beteiligten besser einsetzen zu können?
- Sollen weitere Angebote entwickelt werden, die den Überstieg zu den gemeindlichen Gottesdiensten erleichtern?

> ▸ Welche Botschaft will ich kurz und (werbe)wirksam Gästen und Spendern vermitteln?
> ▸ Mit wem möchte ich nach dem Feieranlass ins Gespräch kommen?
> ▸ Wie soll es weitergehen?

2.9 Zwölf Leitfragen

1. Welche Personen sollen beim Feieranlass mitwirken?
2. Welche Zeiten prägen das Erleben meiner Adressaten?
3. Welche Orte werden meine Gäste bevorzugen?
4. Welche Dramaturgie entspricht meinem Anlass?
5. Mit welchen Worten kann ich Gott suchende Menschen am besten erreichen?
6. Mit welcher Musik entspreche ich dem Inhalt des Anlasses wie den Teilnehmenden und der erwünschten Atmosphäre?
7. Mit welchen Zeichen, Symbolen und Handlungen bringe ich authentisch und echt religiöse Lebenssituationen meiner Gäste zum Ausdruck?
8. Welche Zeichen möchte ich durch meine Kleidung setzen?
9. Welche technische Infrastruktur ist für den Anlass nötig oder wünschenswert?
10. Welche Botschaft will ich kurz und (werbe)wirksam Gästen und Spendern vermitteln?
11. Mit wem möchte ich nach dem Feieranlass ins Gespräch kommen?
12. Wie soll es weitergehen?

3. Beispiele für Feiern mit offenen Türen

3.1 „Der gottlose Priester". Ein Literaturgottesdienst (Gunda Brüske)

3.1.1 Hintergrund

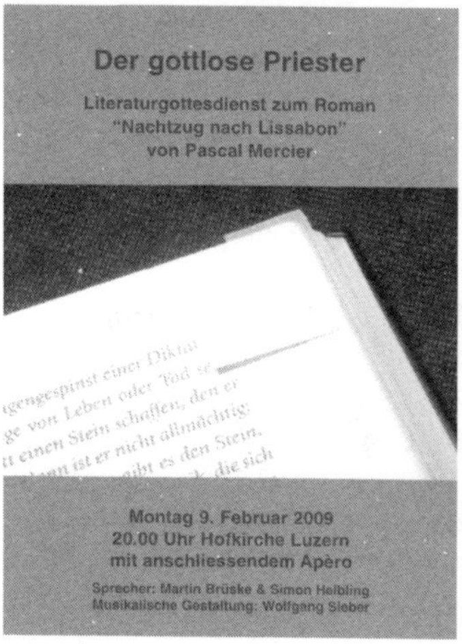

Der Literaturgottesdienst zum Roman „Nachtzug nach Lissabon" von Pascal Mercier fand am Montag 9.2.2009 in der Hofkirche/Luzern statt. Er war Teil einer Tagung des Liturgischen Instituts der deutschsprachigen Schweiz zum Thema „Feiern mit liturgisch Ungeübten". Er sollte aber nicht „Laborversuch" sein, sondern den Kursteilnehmenden das Erleben eines Gottesdienstes mit Gottsuchenden ermöglichen sowie Kontakt zu den Gästen eines solchen Angebots herstellen. Deshalb wurde von der Hofkirche und dem Liturgischen Institut in gemeinsamer Trägerschaft öffentlich dazu eingeladen und dafür geworben: im Programm der Hofkirche und verschiedenen Orten im Internet etwa vier Monate vorher, im Pfarrblatt der Stadt Luzern etwa zehn Tage vorher, durch eine Rund-Mail an die Luzerner Pfarreien mit der Bitte, ein Plakat auszuhängen oder zu verteilen, durch Plakatständer vor der von Touristen gut besuchten Hofkirche am Wochenende vorher, durch eine Notiz in der Luzerner Tageszeitung am Tag selber. Zu den sechzig Tagungsteilnehmern kamen etwa sechzig Gäste aus der Stadt Luzern und den Agglomerationen hinzu. Die Gäste aus der Stadt Luzern waren, wie die Gespräche beim Apéro und andere Rückmeldungen zeigten, (nur) teilweise „kirchenfremd" oder „kirchendistanziert". Vielleicht hätte eine Werbung in Buchhandlungen der Stadt den Anteil an Suchenden noch erhöhen können.

Die Hofkirche liegt in unmittelbarer Nähe des Tagungshauses. Als große Stadtkirche mit einem reichen kirchenmusikalischen Programm bot sie sich erst recht für den Anlass an. Die Wahl des Textes aus dem Roman des Schweizers Pascal Mercier (Pseudonym des Philosophen Peter Bieri)[26] wurde in

[26] P. Mercier, *Nachtzug nach Lissabon.* Roman. München [11]2006 ([1]2004), hier die leicht gekürzte fiktive Abiturrede mit dem Titel „Ehrfurcht und Abscheu vor Gottes Wort" S. 198–203.

einer Hinsicht vom Kirchenraum beeinflusst: Innerhalb der Stadt und Region wirkt die Hofkirche wie eine Kathedrale, was sie nicht ist, aber zur Stimmigkeit der Dramaturgie entscheidend beitrug. Im Übrigen wurde der Text aber deshalb gewählt, weil er kritische Fragen von Suchenden auf sehr herausfordernde Art ausspricht. Es ging darum, diese Anfragen nicht zuzudecken oder zu entschärfen. Sie sollten Raum erhalten. Gleichzeitig sollte eine Antwort darauf sichtbar werden, die vom Roman her versucht wurde in Form einer Ansprache.

Die Dramaturgie lehnte sich locker an ein traditionelles Schema an, nämlich an eine große Vigil mit Invitatorium, drei Nokturnen, Verkündigung (Evangelium) und Schlussgebet. Auf den Literaturgottesdienst übertragen hieß das: ein Prolog, drei Sequenzen, Verkündigung (Ansprache) und ein literarischer Schlusssegen. Diese Struktur wurde jedoch nicht bemerkt, weil einer der Sprecher – die Stimme der Literatur – eine Bewegung durch den Raum vollzog und sich dabei immer zur Bibel positionierte. Dieser Sprecher, ein junger Regisseur, trug die Texte auswendig vor, den Roman als Requisit locker in der Hand haltend, so dass er enorme Präsenz schaffte. Die Texte der Bibel bildeten einen statischen Pol, vorgetragen am üblichen Ort der Schriftverkündigung, dem Ambo. Inhaltlich bildeten die Bibeltexte kein Widerlager zu den kritischen Anfragen aus dem Roman, sondern bestätigten diese sogar noch wie ein Responsorium in der Liturgie. In diesen sehr dichten Dialog zwischen Literatur und Bibel schaltete sich mit der Orgel eine dritte, gleichstarke Stimme ein. Die Option für Orgel-Musik entsprach dem gewählten Text einerseits und dem hervorragenden Organisten der Hofkirche andererseits. Er reagierte in seinen Improvisationen unmittelbar auf das gesprochene Wort, indem er dieses vorbereitete oder deutend aus-spielte. – Elemente von Beteiligung durch Aktionen fehlten bei diesem Literaturgottesdienst. Das Zeichenhandeln beschränkte sich auf das Entzünden von Kerzen zu Beginn und die Bewegung im Raum, die mit Nähe und Distanz, Zuwendung von Literatur und Bibel und schließlich Hinwendung zu den Gästen spielte. Die Atmosphäre wurde allgemein als sehr dicht und konzentriert beschrieben. Die Tagungsteilnehmer diskutierten am folgenden Tag intensiv die Frage, ob oder inwiefern es sich dabei wirklich um Gottesdienst/Liturgie gehandelt hat. Für mehrere Gäste, die nur zum Literaturgottesdienst gekommen waren, stand dagegen nicht in Frage, dass dies ein Gottesdienst war.

3.1.2 Ablauf und Texte

Prolog/Introitus: Orgel – Bibelvers – Orgel
I. Sequenz: Literatur – Bibel – Orgel
II. Sequenz: Literatur – Bibel – Orgel
III. Sequenz: Literatur – Bibel – Orgel
IV. Sequenz: Literatur – Orgelfanfare – Ansprache – Wiederholung des literarischen Textes – Orgel – Segen

Die Leiterin des Abends begrüßt die Gäste. Sie spricht mit frei formulierten Worten kurz an, was die Teilnehmenden erwarten dürfen: einen Dialog zwischen Bibel – Literatur – Musik (Orgel), der im Raum der Kirche, also vor Gott stattfindet. Sie dankt den Beteiligten und lädt zum Apéro im Anschluss an den Literaturgottesdienst ein. Danach geht sie zum Seitenaltar und holt Kerzenlicht vom ewigen Licht und entzündet die beiden Altarkerzen (in der III. Sequenz ist vom Schein der Altarkerzen die Rede). Dies ist das Signal, dass der Literaturgottesdienst beginnt. Die Leiterin setzt sich an den Rand des Altarraums und bleibt bis zur Ansprache in der IV. Sequenz dort sitzen.

Prolog/Introitus

Leise Musik, dahinein als Ruf von der Orgelempore, fast als Schrei Sprecher I (Amos 5,23f):

„Weg mit dem Lärm deiner Lieder! Dein Harfenspiel will ich nicht hören, sondern das Recht ströme wie Wasser, die Gerechtigkeit wie ein nie versiegender Bach."

Orgel (aufbrausend und dann ruhiger werdend).

I. Sequenz

Sprecher II, Mittelgang hinten 1. Absatz des folgenden Textes; Mittelgang Mitte 2. Absatz:

„Ich möchte nicht in einer Welt ohne Kathedralen leben. Ich brauche ihre Schönheit und Erhabenheit. Ich brauche sie gegen die Gewöhnlichkeit der

Welt. Ich will zu leuchtenden Kirchenfenstern hinaufsehen und mich blenden lassen von den unirdischen Farben. Ich brauche ihren Glanz. Ich brauche ihn gegen die schmutzige Einheitsfarbe der Uniformen. Ich will mich einhüllen lassen von der herben Kühle der Kirchen. Ich brauche ihr gebieterisches Schweigen. Ich brauche es gegen das geistlose Gebrüll des Kasernenhofs und das geistreiche Geschwätz der Mitläufer. Ich will den rauschenden Klang der Orgel hören, diese Überschwemmung von überirdischen Tönen. Ich brauche ihn gegen die schrille Lächerlichkeit der Marschmusik. Ich liebe betende Menschen. Ich brauche ihren Anblick. Ich brauche ihn gegen das tückische Gift des Oberflächlichen und Gedankenlosen. Ich will die mächtigen Worte der Bibel lesen. Ich brauche die unwirkliche Kraft ihrer Poesie. Ich brauche sie gegen die Verwahrlosung der Sprache und die Diktatur der Parolen. Eine Welt ohne diese Dinge wäre eine Welt, in der ich nicht leben möchte.
Doch es gibt auch eine andere Welt, in der ich nicht leben will: die Welt, in der man den Körper und das selbständige Denken verteufelt und Dinge als Sünde brandmarkt, die zum Besten gehören, was wir erleben können. Die Welt, in der uns Liebe abverlangt wird gegenüber Tyrannen, Menschenschindern und Meuchelmördern, ob ihre brutalen Stiefelschritte mit betäubendem Echo durch die Gassen hallen oder ob sie mit katzenhafter Lautlosigkeit, als feige Schatten, durch die Straßen schleichen und ihren Opfern den blitzenden Stahl von hinten ins Herz bohren. Es gehört zum Absurdesten, was den Menschen von der Kanzel herab zugemutet worden ist, solchen Kreaturen zu verzeihen und sie sogar zu lieben. Selbst wenn jemand es wirklich vermöchte: Es bedeutete eine beispiellose Unwahrhaftigkeit und gnadenlose Selbstverleugnung, die mit vollständiger Verkrüppelung bezahlt würde. Dieses Gebot, dieses wahnwitzige, abartige Gebot der Liebe zu den Feinden, es ist dazu angetan, die Menschen zu brechen, ihnen allen Mut und alles Selbstvertrauen zu rauben und sie geschmeidig zu machen in den Händen der Tyrannen, damit sie nicht die Kraft finden mögen, gegen sie aufzustehen, wenn nötig mit Waffen."

Sprecher I am Ambo (Mt 5,43f.5–11.43f):

„Ihr habt gehört, dass gesagt worden ist: Du sollst deinen Nächsten lieben und deinen Feind hassen. Ich aber sage euch: Liebt eure Feinde und betet für die, die euch verfolgen.
Selig, die keine Gewalt anwenden; denn sie werden das Land erben.
Selig, die hungern und dürsten nach der Gerechtigkeit; denn sie werden satt werden. Selig die Barmherzigen; denn sie werden Erbarmen finden.

Selig, die ein reines Herz haben; denn sie werden Gott schauen.
Selig, die Frieden stiften; denn sie werden Söhne Gottes genannt werden.
Selig, die um der Gerechtigkeit willen verfolgt werden; denn ihnen gehört das Himmelreich.
Selig seid ihr, wenn ihr um meinetwillen beschimpft und verfolgt und auf alle mögliche Weise verleumdet werdet.
Ihr habt gehört, dass gesagt worden ist: Du sollst deinen Nächsten lieben und deinen Feind hassen. Ich aber sage euch: Liebt eure Feinde und betet für die, die euch verfolgen."

Orgel

II. Sequenz

Sprecher II stellt sich mit Abstand von ca. 2 m vor den Ambo, wo Sprecher I steht und ihm zuhört, Sprecher II mit dem Rücken zu den Gästen:

„Ich verehre Gottes Wort, denn ich liebe seine poetische Kraft. Ich verabscheue Gottes Wort, denn ich hasse seine Grausamkeit. Die Liebe, sie ist eine schwierige Liebe, denn sie muß unablässig trennen zwischen der Leuchtkraft der Worte und der wortgewaltigen Unterjochung durch einen selbstgefälligen

Gott. Der Haß, er ist ein schwieriger Haß, denn wie kann man sich erlauben, Worte zu hassen, die zur Melodie des Lebens in diesem Teil der Erde gehören? Worte, an denen wir von früh auf gelernt haben, was Ehrfurcht ist? Worte, die uns wie Leuchtfeuer waren, als wir zu spüren begannen, daß das sichtbare Leben nicht das ganze Leben sein kann? Worte, ohne die wir nicht wären, was wir sind?
Aber vergessen wir nicht: Es sind Worte, die von Abraham verlangen, den eigenen Sohn zu schlachten wie ein Tier. Was machen wir mit unserer Wut, wenn wir das lesen? Was ist von einem solchen Gott zu halten? Einem Gott, der Hiob vorwirft, daß er mit ihm rechte, wo er doch nichts könne und nichts verstehe? Wer war es denn, der ihn so geschaffen hat? Und warum ist es weniger ungerecht, wenn Gott jemanden ohne Grund ins Unglück stürzt, als wenn ein gewöhnlich Sterblicher es tut? Hat Hiob nicht jeden Grund zu seiner Klage?
Die Poesie des göttlichen Worts, sie ist so überwältigend, daß sie alles zum Verstummen bringt und jeder Widerspruch zum jämmerlichen Kläffen wird. Deshalb kann man die Bibel nicht einfach weglegen, sondern muß sie *wegwerfen*, wenn man genug hat von ihren Zumutungen und der Knechtschaft, die sie über uns verhängt. Es spricht aus ihr ein lebensferner, freudloser Gott, der den gewaltigen Umfang eines menschlichen Lebens – den großen Kreis, den es zu beschreiben vermag, wenn man ihm die Freiheit läßt – einengen will auf den einzigen, ausdehnungslosen Punkt des Gehorsams. Gramgebeugt und sündenbeladen, ausgedörrt von Unterwerfung und der Würdelosigkeit der Beichte, mit dem Aschenkreuz auf der Stirn sollen wir dem Grab entgegengehen, in der tausendfach widerlegten Hoffnung auf ein besseres Leben an Seiner Seite. Doch wie könnte es besser sein an der Seite von Einem, der uns vorher aller Freuden und Freiheiten beraubt hatte?"

Sprecher I am Ambo (Jer 20,7–9):

„Du hast mich betört, o Herr, und ich ließ mich betören; du hast mich gepackt und überwältigt. Zum Gespött bin ich geworden den ganzen Tag, ein jeder verhöhnt mich. Ja, sooft ich rede, muss ich schreien, ‚Gewalt und Unterdrückung!', muss ich rufen. Denn das Wort des Herrn bringt mir den ganzen Tag nur Spott und Hohn. Sagte ich aber: Ich will nicht mehr an ihn denken und nicht mehr in seinem Namen sprechen!, so war es mir, als brenne in meinem Herzen ein Feuer, eingeschlossen in meinem Innern. …"

Orgel

III. Sequenz

Sprecher II geht um die Altarinsel (Sprecher I wendet sich dabei Sprecher II zu):

„Und doch sind sie von betörender Schönheit, die Worte, die von Ihm kommen und zu Ihm gehen. Wie habe ich sie als Meßdiener geliebt! Wie haben sie mich trunken gemacht im Schein der Altarkerzen! Wie klar, wie sonnenklar schien es, daß diese Worte das Maß aller Dinge waren! Wie unverständlich kam es mir vor, daß den Leuten auch andere Worte wichtig waren, wo doch ein jedes von ihnen nur verwerfliche Zerstreuung und Verlust des Wesentlichen bedeuten konnte! Noch heute bleibe ich stehen, wenn ich einen gregorianischen Gesang höre, und einen unachtsamen Moment lang bin ich traurig, daß die frühere Trunkenheit unwiderruflich der Rebellion gewichen ist. Einer Rebellion, die wie eine Stichflamme in mir hochschoß, als ich das erstemal diese beiden Worte hörte: sacrificium intellectūs.
Wie sollen wir glücklich sein ohne Neugierde, ohne Fragen, Zweifel und Argumente? Ohne Freude am Denken? Die beiden Worte, die wie ein Hieb mit dem Schwert sind, das uns enthauptet, sie bedeuten nichts weniger als die Forderung, unser Fühlen und Tun gegen unser Denken zu leben, sie sind die Aufforderung zu einer umfassenden Gespaltenheit, der Befehl, gerade das zu opfern, was der Kern eines jeden Glücks ist: die innere Einheit und Stimmigkeit unseres Lebens. Der Sklave auf der Galeere, er ist gekettet, aber er kann denken, was er will. Doch was Er, unser Gott, von uns verlangt, ist, daß wir unsere Versklavung eigenhändig in unsere tiefsten Tiefen hineintreiben und es auch noch freiwillig und mit Freuden tun. Kann es eine größere Verhöhnung geben?
Der Herr, er ist in seiner Allgegenwart einer, der uns Tag und Nacht beobachtet, er führt in jeder Stunde, jeder Minute, jeder Sekunde Buch über unser Tun und Denken, nie läßt er uns in Ruhe, nie gönnt er uns einen Moment, wo wir ganz für uns sein könnten. Was ist ein Mensch ohne Geheimnisse? Ohne Gedanken und Wünsche, die nur er, er ganz allein, kennt? Die Folterknechte, diejenigen der Inquisition und die heutigen, sie wissen: Schneide ihm den Rückzug nach innen ab, lösche nie das Licht, lasse ihn nie allein, verwehre ihm Schlaf und Stille: Er wird reden. Daß die Folter uns die Seele stiehlt, das bedeutet: Sie zerstört die Einsamkeit mit uns selbst, die wir brauchen wie die Luft zum Atmen. Hat der Herr, unser Gott, nicht bedacht, daß er uns mit seiner ungezügelten Neugierde und abstoßenden Schaulust die Seele stiehlt, eine Seele zudem, die unsterblich sein soll?“

Sprecher I am Ambo (Ps 139,1–12; Übersetzung F. Stier):

„Jahwe! Du hast mich erforscht und erkannt.
Du! Du erkennst mein Sitzen und Stehen,
du merkst mein Denken von fern.
Meines Wanderns und Lagerns wirst du gewahr,
mit all meinen Wegen vertraut.
Wenn noch kein Wort auf meiner Zunge,
schon erkennst du, Jahwe, es ganz.
Von hinten, von vorn engst du mich ein,
hältst deine Faust auf mich gelegt:
Zu entrückt ist dies Erkennen mir,
zu ragend, ich kann ihm nicht hin.
Wohin kann ich gehen vor deinem Geist,
wohin fliehen vor deinem Angesicht?
Stieg ich die Himmel hinan, bist du dort,
bettete ich mich in der Unterwelt, bist du da.
Erhöb ich die Flügel der Morgenröte
und ließe mich nieder am hintersten Meer,
auch dort packte mich deine Hand,
ergriffe mich deine Rechte.
Und spräch ich:
Nur Finsternis decke mich zu,
Nacht sei das Licht um mich her!
Auch Finsternis finstert dir nicht,
Nacht ist dir leuchtend wie Tag,
Finsternis wie Licht.“

Orgel

IV. Sequenz

Sprecher II wendet sich an dieser Stelle das erste Mal den TN zu, vor der Altarinsel mittig:

„Ich möchte nicht in einer Welt ohne Kathedralen leben. Ich brauche den Glanz ihrer Fenster, ihre kühle Stille, ihr gebieterisches Schweigen. Ich brauche die Fluten der Orgel und die heilige Andacht betender Menschen. Ich brauche die Heiligkeit von Worten, die Erhabenheit großer Poesie. All das brauche ich. Doch nicht weniger brauche ich die Freiheit und die Feindschaft gegen alles Grausame. Denn das eine ist nichts ohne das andere. Und niemand möge mich zwingen zu wählen."

Orgel (kurz, Fanfare)

Ansprache an einem zweiten Mikrophon im Altarraum (Leiterin des Literaturgottesdienstes):

Amadeu Inácio de Almeida Prado möchte nicht in einer Welt ohne Kathedralen leben. Wer möchte das schon? Ich nicht. Er kann nicht leben ohne Freiheit und Feindschaft gegen alles Grausame. Welche Frau, welcher Mann kann ernsthaft das Grausame bejahen oder annehmen? Ich nicht. Das eine: die Schönheit, Erhabenheit, Heiligkeit, ist nichts ohne das andere: die Freiheit, die Würde, die Gerechtigkeit. Wer würde eine Wahl zwischen diesen Alternativen im Ernst akzeptieren? Ich nicht.
Zwingt der Autor des Romans seine Figur Amadeu Inácio in eine falsche, nur rhetorisch mögliche Alternative? Wie ernst darf, wie ernst soll man die wie Hammerschläge auf die Hörer niedergehenden Fragen dieser fiktiven Rede nehmen? An einem kann kein Zweifel bestehen: Die Faszination vom Wort Gottes ist stark und die kritischen Fragen sind echte Fragen. Sie werden auch sonst gestellt. Es sind Lebensfragen für Christinnen und Christen und für andere suchende Menschen. Sie lassen sich aber nicht in wenigen Minuten auflösen. Das wäre zu billig. Ich bleibe deshalb bei Amadeu Prado, dem „gottlosen Priester". Ich will versuchen, diese Person zu verstehen. Vielleicht ergibt sich daraus die Spur zu einer Antwort auf die bohrenden Fragen.
Nach dem Tod der Mutter schreibt Amadeu einem Brief an diese. Er deutet darin seine Vornamen:
„Amadeu Inácio. Die meisten Leute denken sich nichts dabei, ab und zu sagt jemand etwas über die Melodie. Doch ich weiß es besser, denn ich habe den Klang Deiner Stimme dabei im Ohr. … Ich sollte ein Genie sein. Ich sollte göttliche Leichtigkeit besitzen. Und gleichzeitig – gleichzeitig! – sollte ich die mörderische Strenge des heiligen Ignacio verkörpern und seine Fähigkeiten als priesterlicher Feldherr ausüben." (360)[27]
Gleichzeitig die göttliche Leichtigkeit der Musik Wolfgang Amadeus Mozarts im eigenen Leben widerspiegeln und die heilige Gehorsamsstrenge eines Ignatius von Loyola verkörpern – der Autor lässt Amadeu für dieses von

[27] Die Seitenzahlen beziehen sich wieder auf: P. Mercier, *Nachtzug nach Lissabon.*

der Mutter aufgezwungene Ideal das Wort „Muttervergiftung“ finden. „Gottesvergiftung“ heißt die Auseinandersetzung Tilmann Mosers mit einem als allmächtig empfundenen Gott.
Die Mutter Amadeus hatte einen Wunsch gehegt: Der von der Schönheit der biblischen Poesie und dem liturgischen Handeln trunkene Sohn sollte Priester werden. Doch die anfängliche göttliche Leichtigkeit wird vergiftet. Aus dem Messdiener wird ein Zuschauer, ein Voyeur: „Ich liebe betende Menschen. Ich brauche ihren Anblick. Ich brauche ihn gegen das tückische Gift des Oberflächlichen und Gedankenlosen.“ (198) Er konnte die Liturgie nicht mehr mitmachen, heißt es von ihm an anderer Stelle (297). Und doch: Er brauchte sie.
Amadeu hat aber auch vom Vater her eine Verwundung erlitten. Der hatte nicht geglaubt, er könne Priester werden: „Du hast das Gemüt eines Rebellen, und Rebellen werden nicht Priester.“ (337) Der Vater selber war ein berühmter Richter, Richter unter Salazar, Richter in einer Diktatur. Ob der Vater die Freiheit und die Feindschaft gegen alles Grausame leben konnte, ist für den Sohn eine bedrängende Frage.
Welchen Beruf ergreifen Rebellen, wenn sie nicht Priester werden, werden können, und wenn sie nicht den Beruf des Vaters ergreifen, also Richter werden? Amadeu akzeptiert den vom Vater gewünschten Beruf und wird Arzt. Der ungeheuer diszipliniert wirkende Vater ist tatsächlich ein gebeugter Mann, einer, dessen Rücken durch Morbus Bechterev gekrümmt ist, einer, der von andauerndem Schmerz geknechtet wird. Die Krankheit des Vaters nötigt den Sohn, Arzt zu werden. Als Arzt aber kommt er in eine Situation, wo er über Leben und Tod richten muss: Er holt einen gefürchteten Offizier der Geheimpolizei mit einer Spritze in den Herzmuskel zurück ins Leben. Was wird in dieser extremen Situation aus seiner Feindschaft gegen alles Grausame?
„Ich bin Arzt … Ich habe den hippokratischen Eid abgelegt, es ist ein heiliger Eid, und ich werde ihn nie brechen, niemals, mögen die Dinge liegen, wie sie wollen. Ich spüre: Ich mag es, das zu sagen, ich liebe es, es sind Worte, die mich begeistern, berauschen. Ist das so, weil sie wie die Worte eines priesterlichen Gelübdes sind? War es also eigentlich eine religiöse Handlung, als ich ihm, dem Schlächter, das Leben zurückgab, das er bereits verloren hatte? Die Handlung von einem, der es insgeheim bedauert, daß er sich nicht mehr aufgehoben fühlen kann in Dogma und Liturgie? Der immer noch dem unirdischen Schein der Altarkerzen nachtrauert? Also keine aufgeklärte Hand-

lung? Gab es, von mir unbemerkt, in meiner Seele einen kurzen, aber heftigen, erbitterten Kampf zwischen dem einstmaligen Priesterzögling und dem Tyrannenmörder, der bisher nie zur Tat geschritten ist? Die Nadel mit dem lebensrettenden Gift in sein Herz zu stoßen: War es eine Tat, in der sich Priester und Mörder die Hand reichten? Eine Bewegung, in der sie beide bekamen, was sie ersehnten?" (228f)

'Und niemand möge mich zwingen zu entscheiden.' Handlungen sind Entscheidungen. Amadeu entschied als Arzt quasi priesterlich. Ein Akt der Feindesliebe war die lebensrettende Giftspritze jedenfalls nicht. Die Konsequenz der Feindesliebe, wie er sie in der Abiturrede gesehen hatte, als gnadenlose Selbstverleugnung nämlich und vollständige Verkrüppelung, konnte seine Wahl nicht sein. Doch Amadeu lebte auch nicht seine Feindschaft gegen alles Grausame, als er den Menschenschlächter ins Leben zurückholte. Die quasi religiöse Handlung des rettenden Mordes scheint unter dem Vorzeichen der Gottesvergiftung zu stehen.

Amadeu Inácio wird mit der Paradoxie seiner Entscheidung nicht fertig und schließt sich – nun wieder der Logik der Abiturrede folgend – dem Widerstand gegen Salazar an. Jener Mann, der ihn in den Widerstand einführt, João Eça, nennt ihn einen „gottlosen Priester". „So war er, der gottlose Priester: Er dachte die Dinge zu Ende. Er dachte sie *immer* zu Ende, ganz gleich, wie schwarz die Konsequenzen waren. Manchmal hatte sie etwas Brutales an sich, diese Art, etwas Selbstzerfetzendes." (147)

Ich möchte hinzufügen: Ja, weil diese Art die Dinge zu Ende zu denken, gnadenlos konsequent war, von größter Härte gegen sich selbst. Deshalb musste er sich selbst retten – mit der Kraft der biblischen Poesie, der Schönheit und Erhabenheit der Kathedralen, ihrem unirdischen Glanz, dem rauschenden Klang der Orgel und dem Anblick betender Menschen.

Es ist richtig, Dinge zu Ende zu denken. Die biblische Botschaft fordert das. Geht das auch weniger selbstzerstörerisch und dennoch wahrhaftig? Was treibt Amadeu in die schwärzesten Konsequenzen? Der Autor legt die Antwort einem Priester in den Mund, Pater Bartolomeu, dem Lehrer von Amadeu: „Er konnte so vieles, dieser reich gesegnete Junge. Nur das eine konnte er nicht: feiern, ausgelassen sein, sich gehenlassen." (180) Ihm fehlt, was Wolfgang Amadeus hatte: die göttliche Leichtigkeit. Amadeu Prado lebt in der Welt der Bücher, die er mit allen Fasern seiner Existenz aufnimmt, aber nicht in der Welt des heiteren Spiels (vgl. auch 337, 394f, 410).

Ausgelassen sein, sich gehen lassen, das heißt: sich selbst loslassen, gelassen

sein, frei sein. Amadeu ist nicht mehr Messdiener, er hat das Spielen in der Liturgie verlernt, fühlt sich in der Liturgie nicht mehr aufgehoben, aber er bleibt noch als Zuschauer von ihr abhängig. Amadeu brauchte in der Wahrnehmung von Pater Bartolomeu so etwas wie eine Erlösung von sich selbst. Im Roman wird der Raum der Erlösung und Freiheit verkörpert durch die Leichtigkeit, Sicherheit und Selbstverständlichkeit von Maria João (180, 388).
Aber im Ernst: Hätte ihn allein schon das Gegenüber dieser Frau und die heitere Gelassenheit des Spiels erlösen und befreien können aus dem Dilemma von Schönheit, Erhabenheit, Heiligkeit auf der einen Seite und Freiheit, Würde und Gerechtigkeit auf der anderen? Hätte das einen Raum jenseits der Alternative von Kathedrale und Tyrannis geöffnet, einen Raum, wo die Dinge auf andere Weise zu Ende gedacht werden können? Anders gefragt: Was eigentlich unterscheidet Amadeu Prado von Abraham und Hiob, die er doch für seine Sicht anführt? Hat nicht auch Hiob die Dinge zu Ende gedacht? Ja, im Dennoch des anklagenden Gesprächs mit Gott. Hat Abraham nicht recht behalten gegen die grausame Forderung zum Schlachten seines Sohnes? Ja, im Dennoch des Bleibens bei Gott.
‚Niemand möge mich zwingen zu entscheiden' – die Entscheidung fällt nicht im Raum der Rhetorik oder der Theorie, sie fällt vor einer Person. Für Amadeu ist sie vor der Person des Schlächters von Lissabon gefallen, für Abraham und Hiob fällt sie vor Gott, in der Beziehung zu ihm.
Die Zumutung, die Gottes Wort ist, bleibt. Die Zumutung wird vielleicht – vielleicht! – anders, wenn sie innerhalb der Gottesbeziehung laut wird. Die Zumutung wird vielleicht – ich meine: doch! – leichter, wenn sie sich im heiteren Spielen vor Gott immer wieder unterbrechen lässt auf den manchmal fatalen Wegen des Zu-Ende-Denkens.
Die Sehnsucht nach einer solchen Unterbrechung, in der Gott uns Menschen nicht zerbrechen lässt, in der er uns aufrichtet, uns mit Mut und Selbstvertrauen und Widerstandskraft stärkt, sie tönt mächtig aus dem unbändigen Verlangen nach der Welt der Kathedralen. Treten Sie ein in diese Welt, aber bitte: Bleiben Sie nicht Zuschauer, damit keiner Sie zwingt, zu wählen: zwischen Schönheit und Gerechtigkeit.

Sprecher II wiederholt den kurzen Text zu Beginn der IV. Sequenz noch einmal und verlässt dann durch das Chorgitter die Kirche.

Orgel (Fluten der Orgel, gregorianische Melodie eingeflochten)

Sprecher I trägt am zweiten Mikrophon den Segen von Hanns Dieter Hüsch „Sei gut behütet“ vor:

„Im übrigen meine ich
Daß Gott uns alle schützen möge
Auf unserem langen Weg zur Versöhnung
Mit allen Menschen und mit allen Völkern
Er möge uns bewahren und pflegen
Mit seiner allumfassenden Güte
Er möge uns heilen und alle Krankheiten von uns nehmen
All unsere Wunden an Leib und Seele
Die wir uns ständig antun
Möge er mit seiner einzigartigen Kraft
In Zeichen der Reife und Weisheit verwandeln

Er möge von seiner Heiterkeit ein Quentchen
In uns hineinpflanzen
Auf daß sie bei uns wachse blühe und gedeihe
Und wir unseren Alltag leichter bestehen
Daß er uns bewahre vor jedem Hochmut und jeder Bitterkeit
Und daß er uns fähig mache
Weiterhin zu glauben an seine Welt
Die nicht von unserer Welt ist
Und daß wir nicht ersticken an allem Tand und eitlem Tun
Darum bitten wir ihn vom ganzen Herzen

Er möge uns behüten vor aller Besserwisserei
Und uns beflügeln
Freiheit und Fantasie
Zu nutzen
Um Feinde in Freunde zu verwandeln
Er lösche langsam in uns jedes Vorurteil
Langsam
Denn wir stecken bis über beide Ohren voll davon
Er schenke uns von seiner Vielfalt ein Stückchen Großmut
Und führe uns nicht in Haarspaltereien
Gedankenenge
Und Geistesnot

Er erhalte uns unseren Eigensinn
Ihn nicht aus den Augen zu verlieren
In unserer optischen Zeitspanne
Und wir bitten ihn weiterhin unser Freund zu sein
Der immer uns übrig bleibt
In aller Finsternis und Unvernunft
Wenn wir schier an allem und an uns verzweifeln

Er sei mit uns
Wenn wir unter den Verlierern sind
Und gebe uns die Kraft zur Demut
Die Kraft am Ende aufzustehen für einen neuen Anfang
Wer anders könnte uns zu neuem Lachen führen
Zu neuer Hoffnung und Freude
Immer wieder nach tausenden von Jahren
Als Gott der Herr vor dessen Plan
Unsere Ideen kleine flüchtige Eintagsskizzen bleiben
Vor dessen Zeit unser Leben
Ein winziger Atemhauch ist
Vor dessen Wahrheit unsere Wirklichkeit ein einziger Irrtum ist
Vor dessen Musik unsere Melodien und Akkorde
Bloßes Geklingel und Getue sind
Vor dessen Sprache unsere Worte jeweils nur Versuche
Von Anfängen sein können

Darum bitten wir ihn um seinen Trost
Um seine Hilfe
Um seinen Verstand und um seine Gnade
Und um seinen Willen
Daß alle sich mit allen versöhnen
Daß der Haß die Welt verlasse
Und die Liebe in allen Menschen wohne
Um uns von Gottes Zukunft zu erzählen."[28]

---

[28] Aus: M. Blum, H. D. Hüsch, *Das kleine Buch zum Segen,* Düsseldorf ^{3}1999, 26f.

3.2 „Die Lebenden ehren die Toten“. Feier für den Anatomiekurs und Angehörige der Körperspender in München (Gerhard Wastl)

3.2.1 Überlegungen zum Totengedächtnis des Anatomiekurses

Einmal im Jahr am Ende des Wintersemesters erhalte ich einen Anruf aus der Anatomischen Anstalt an der Ludwig-Maximilians-Universität München – eine Einladung zum Vorbereitungstreffen für die Anatomiegedenkfeier. Dabei feiern die Erstsemester der Medizin, dass sie einen auch im Wortsinn einschneidenden Abschnitt ihres Studiums beenden: den Anatomiekurs, also das Präparieren, Zerteilen und damit Begreifen eines menschlichen Körpers. Sie thematisieren ihre intensiven Erfahrungen, gedenken nach all dem Stress der abschließenden Testate noch einmal des ganzen Prozesses und bringen sehr deutlich ihre Dankbarkeit gegenüber den SpenderInnen zum Ausdruck, an deren Körpern sie lernen durften. In der Regel werden auch die Angehörigen der KörperspenderInnen eingeladen, und auch sie bilden dann einen Teil der Versammlung und bestimmen die innere Richtung.

Eine „Quasi-Liturgie“

Die äußere Form einer jeden Feier wird von Vertretern der Studierenden, dem leitenden Professor für Anatomie, meiner evangelischen Kollegin und mir immer wieder neu entworfen, und doch gleichen sich die Feiern in ihren Elementen und im Ablauf; weil sich eine Tradition von Bewährtem herausbildet, und weil das Gefühl für den Anlass immer wieder zu den gleichen Formen führt: ein Wechsel von in der Regel klassischer Musik mit Ansprachen der Studierenden, dem leitenden Professor der Anatomie und eines Seelsorgers oder einer Seelsorgerin; Begrüßung und Worte zum Abschluss; und eine symbolische Handlung, die das Wesen der Feier zum Ausdruck bringt.
Die Feier verdankt sich der Anregung durch den früheren Leiter der anatomischen Anstalt der Ludwig-Maximilians-Universität München, Professor Reinhard Putz. Wenn diese Feier auch kein katholischer Gottesdienst und auch keine ökumenische Gedenkfeier ist, sondern konzipiert und gefeiert wird als letztlich überkonfessionelle bzw. nicht-religiöse Feier, so hat sie doch in ihren Formen und im ganz bewusst gewählten – weil für eine solche Feier geeigneten – Ort der Universitätskirche St. Ludwig den Charakter einer „Quasi-Liturgie“.

Musikalische Gestaltung

Die Studierenden schaffen es in jedem Kurs, einen Chor, ein Orchester oder ein Streichquartett oder OrganistInnen in erstklassiger Qualität zur Verfügung zu stellen. Dies ist wohl deshalb möglich, weil die Studierenden der Medizin eher aus bürgerlichen Familien mit Bewusstsein für Kunst und Musik stammen. Zu aktivieren ist dieses Potential aber sicher nur, weil den Studierenden diese Feier sehr viel bedeutet und sie durch diese Form der Beteiligung ihren Anteil beitragen wollen.
Die Musikauswahl der Feier reicht von klassischen Instrumentalstücken über häufig gewählte Stücke von Bach bis hin zu Gospelgesängen. Und auch die Stimmung der Musik der einzelnen Feiern ist unterschiedlich: Wird das eine Mal eher die Besinnung auf den Tod und die Toten zum Ausdruck gebracht, gibt es auch Kurse, die eher ihre Erleichterung über das Ende des Kurses durchklingen lassen.

Stimmige Symbole

So wie sich der Inhalt der Ansprachen leicht verändert je nachdem, ob Angehörige der Körperspender anwesend sind, so sind auch die Symbole unterschiedlich. Die zwei mehrfach erprobten Formen: eine Kerzenprozession, bei der für jeden „Tisch“, also für jeden Körper eine Kerze von Studierenden zum Altar getragen wird, wo die Kerzen während der Feier bleiben und am Ende an die Angehörigen verteilt werden. Und eine genauso aufgebaute Blumenprozession für eine Feier ohne Angehörige; die Blumen werden dann im Anschluss an die Feier an die gemeinsame Bestattungsstelle der Körperspender im Waldfriedhof München gebracht – eine Wiese mit einem Gedenkstein mit der Aufschrift „Die Toten lehren die Lebenden“.

Meine Rolle als Seelsorger

Zusammen mit der evangelischen Studentenpfarrerin begleite ich die Vorbereitung und berate die Studierenden bei der Konzeption der Feier; mein „logistischer“ Teil umfasst die Absprachen mit der Pfarrei St. Ludwig bis hin zu Beleuchtungs-, Mikrophon- und Laufproben für die Prozession. Außerdem hält einer von uns während der Feier eine längere Ansprache, während der oder die andere begrüßt, abschließt und gegebenenfalls die Prozession einleitet. Die Ansprache thematisiert zumeist den inneren Zusammenhang von Denken und Danken, also von Wissenschaft und Religion, und das Verabschieden, also das Loslassen-Können für die Studierenden, das Ende des

lange hinausgezögerten Abschiednehmens für die Angehörigen und die Ruhe für die Verstorbenen.
Nach der Feier versuche ich, die Erfahrungen für mich und die Vorbereitung der nächsten Feier festzuhalten und Reaktionen der Mitfeiernden zu beantworten (Briefe, Mails). Zwischen den Feiern gibt es einzelne Kontakte zu anderen Interessierten (Website zur Feier, Kontakt zur Krisenintervention, Artikel für die Klinikseelsorge ...).

Meine Erfahrungen mit dieser Feier

Die Feier ist jedes Mal wieder dicht und bewegend, und ich bin jedes Mal wieder beeindruckt von der Beteiligung der Studierenden: seien es die Teilnahme von fast allen Kursteilnehmenden, sei es die Offenheit der Worte, sei es der hohe Energieeinsatz der Studierenden, die neben dem sehr herausfordernden Kurs auch noch diese Feier koordinieren, sei es die jedes Mal sich neu zusammenfindenden MusikerInnen: Chor, Orchester und SolistInnen. Die Feier trifft ein echtes Bedürfnis der Studierenden, sie hilft ihnen, ihre Erlebnisse gut zu verarbeiten, und sie hilft den Angehörigen, sich und ihre Toten, deren Entschluss zur Körperspende durchaus nicht immer willkommen ist, zur Ruhe kommen zu lassen. Dokumentiert wird dies in den Rückmeldungen nach der Feier, die zum Beispiel darin gipfeln, dass „die Sorgfalt, mit der die Studierenden die Kerze nach vorne getragen haben und mit der sie darauf geachtet haben, dass keine Flamme erlischt, mir gezeigt hat, wie sorgsam sie mit dem Körper meines Vaters umgegangen sind. Jetzt habe ich Ruhe“ (Zitat einer Angehörigen).

Seelsorge an der Nahtstelle von Medizin und Religion, von Leben und Tod

Diese Feier ist nach meiner Auffassung keine Liturgie im engen Sinn, aber sie ist heilsames Geschehen. Es gibt keinen Segen, ab und an ein Gebet, manchmal religiöse Musik, und das Wort Gott taucht nur sehr selten auf, manchmal gar nicht. Und doch freue ich mich jedes Jahr wieder auf den Anruf aus der Anatomie, freue mich, weil ich in der Begleitung und Durchführung dieser Feier Seelsorger im besten Sinne bin.

Der Ablauf und Texte wurden verwendet bei der Gedenkstunde zum Abschluss des Präparierkurses 2008/2009 am Freitag, 6. Februar 2009 um 16:00 Uhr in der Universitätskirche St. Ludwig, München.

3.2.2 Ablauf und Texte

Vorspiel: J. S. Bach, Präludium Es-dur

Orgelvorspiel und Begrüßung – *Musik*
1. Teil: Ansprache des Leiters des Präparierkurses – Musik
2. Teil: Gedanken der Kursteilnehmenden – Kerzenprozession der Kursteilnehmenden *mit musikalischer Begleitung*
3. Teil: Ansprache der Studentenpfarrerin – *Musik*
4. Teil: Gemeinsames Gebet und Stille – Abholen der Kerzen *mit musikalischer Begleitung*

Verabschiedung und Segen – *Musik*

Begrüßung durch Pastoralreferent Gerhard Wastl

Liebe Studierende, sehr geehrte Lehrende, liebe Angehörige. Ich darf Sie hier in der Universitätskirche St. Ludwig begrüßen.
Universität und Kirche symbolisieren zwei Grundelemente menschlichen Lebens: das Denken und das Danken. Der denkende, der suchende, fragende, zweifelnde und forschende Mensch wird zu Erkenntnissen, zu Erfahrungen und zu Wirklichkeiten vorstoßen, die ihn mit Staunen, Erschrecken, Freude und nicht zuletzt mit Dank erfüllen.
Dieser innere Zusammenhang von Denken und Danken führt uns heute zu dieser Feier zusammen:

- die Wissenschaft und die Universität: als Ort des Denkens,
- die Religion und die Kirche: als Ort des Dankens,
- die Mediziner, die Theologen, und Sie als Angehörige.

Wir benutzen für unsere Feier Elemente der Religion – den Kirchenraum, die religiöse Musik –, nicht weil wir alle Christen sind, sondern weil uns die Religion Zeichen zur Verfügung stellt, die Sprache, den Klang, um unsere Gefühle zum Ausdruck zu bringen, um die Erfahrungen an den Grenzen des Lebens zu bedenken, um dem Ende und dem neuen Anfang Form und Raum zu geben. So möge sich dieser Raum nun füllen, mit Gedanken und Klängen, mit unseren Erinnerungen und Gefühlen. Damit wir gelöster, stärker und freier wieder von hier weggehen können.

Chor: Mögen Engelchöre Dir nun singen

Ansprache von Prof. Laurenz J. Wurzinger, Leiter des Anatomischen Präparierkurses in München

Verehrte Angehörige der Menschen, die ihren Körper für Forschung und Lehre gespendet haben, sehr geehrte Studierende, sehr geehrte Kollegen,
es ist kein gewöhnlicher Anlass, der uns heute in der Universitätskirche St. Ludwig zusammengeführt hat. Gleichwohl ist es ein zutiefst menschliches Verhalten, sich im Rahmen von Feierlichkeiten von seinen verstorbenen Mitmenschen zu verabschieden. Dieses Verhalten ist wissenschaftlich erst für die letzten fünfzigtausend Jahre der doch einige Millionen Jahre dauernden Menschheitsentwicklung zweifelsfrei nachgewiesen; es unterscheidet uns von Tieren, aber auch von früheren menschlichen Lebewesen. Dennoch fällt eine Gedenkfeier, wie wir sie heute hier begehen, etwas aus dem Rahmen allgemein-bürgerlicher Gepflogenheiten. Uns vereint heute der Wunsch, Menschen in einer einfachen Feier zu gedenken, die ihren Körper der Forschung und der Ausbildung von Medizinstudenten und Ärzten gespendet haben. Dabei mögen uns die unterschiedlichsten Gedanken durch den Kopf gehen:

Den Studierenden,

- dass Sie gleich zu Beginn Ihres Studiums ganz tief in den Körper eines Menschen eintauchen durften – einige von Ihnen werden versucht sein zu sagen: mussten;
- dass Sie am Anfang Ihres Berufslebens, das mit dem ersten Tag des ersten Semesters beginnt, mit der Endlichkeit der menschlichen Existenz konfrontiert wurden. Der Tod wird Ihnen in Ihrer ärztlichen Tätigkeit immer wieder begegnen. Vielleicht trägt die Erfahrung des Präparierkurses dazu bei, dass Sie den Tod von Patienten, mit dem Sie unweigerlich konfrontiert werden, nicht nur als persönliche Niederlage empfinden werden, so wie es mir in meiner kurzen klinischen Laufbahn erging.
- Sicherlich werden Sie heute auch ganz banal Erleichterung darüber fühlen, dass ein wirklich anspruchsvoller und schwieriger Teil Ihrer Ausbildung zum Arzt beendet ist.
- Sie haben sich – wenn diese Pauschalierung erlaubt ist – als ein Jahrgang erwiesen, der nach Überwindung anfänglicher Berührungsängste mit Ruhe und Sachlichkeit an den Körpern der Verstorbenen gearbeitet hat. Damit haben Sie – so meine ich – dem Willen der Verstorbenen entsprochen.

Sie verehrte Angehörige

- werden des Menschen gedenken, der Ihnen im Leben viel bedeutet hat.
- Vielleicht hat er Sie mit seiner Entscheidung, seinen Körper der Ausbildung künftiger Ärzte zu spenden, überrascht oder gar irritiert; wenn es Ihnen ein Trost ist, bitte ich Sie zu bedenken, dass die meisten unserer Körperspender als Motiv angeben, nach ihrem Tod noch den Lebenden nützen zu wollen, zu dienen. Ein Zeichen, das unglaublich hoffnungsvoll stimmt in einer Welt, in der schon immer über Eigennutz und Ellenbogenmentalität geklagt wurde.

Meine Kollegen und mich als Ausbilder

- bewegt natürlich genauso wie die Studierenden die Freude darüber, dass der auch für uns anspruchsvollste Teil des akademischen Jahres nun endlich vorüber ist.
- Bei aller Sachlichkeit und Nüchternheit, zu der auch wir die Studierenden im Rahmen ihres Studiums angehalten haben, hat es doch auch emotionale menschliche Gesten im Umgang mit den Körpern der Toten gegeben. Eine davon hat mich tief beeindruckt:
- Am letzten Kurstag vor Weihnachten hat eine Studentin ein schönes Bild mit brennenden Kerzen gemalt und bat uns, dieses im Präpariersaal während der Weihnachtsferien aufzustellen. Sie sagte, wenn unsere Verstorbenen schon keine richtig brennenden Kerzen über Weihnachten um sich haben könnten, dann wenigstens diese gemalten.

Verehrte Angehörige, nicht zuletzt dieses Beispiel berechtigt mich, Ihnen zu versichern, dass die Körper Ihrer Angehörigen bei unseren Studenten in guten Händen waren.

Ich danke allen, die zu dieser Feier beigetragen haben, insbesondere den beiden Hochschulgeistlichen, vor allem aber danke ich den Menschen, die uns Ihre Körper gespendet haben!

Orchester: „Benedictus" aus W. A. Mozart, Requiem

Gedanken der Kursteilnehmenden

Sehr geehrte Lehrende, liebe Kommilitonen, sehr geehrte Angehörige, wir, die Vertreter der Studentenschaft, möchten Ihnen heute unsere Erfahrungen schildern und unsere Dankbarkeit in Worte fassen. Während unserer Arbeit

an dieser Rede sind wir auf ein Zitat von Bertolt Brecht gestoßen, welches unser Anliegen sehr gut zum Ausdruck bringt:
„Der Mensch ist erst wirklich tot, wenn niemand mehr an ihn denkt ...“.
Genau aus diesem Grund haben wir uns zusammengefunden: um das Andenken der Verstorbenen zu wahren. Wir haben die Donatoren im Leben nicht gekannt, und somit ist es uns nicht möglich, Erinnerungen an ihr Wirken und Leben in den Vordergrund dieser Gedenkfeier zu stellen. Wir wissen lediglich um eine Eigenschaft der Verstorbenen, eine Eigenschaft, die ihnen allen gemeinsam war, obwohl sie unterschiedliche Wege gegangen sind und verschiedenste Lebenssituationen bewältigen mussten. Gemeinsam war ihnen allen der Wille, eine Verfügung zu treffen, ihren Körper über den Tod hinaus in den Dienst der Wissenschaft und somit der Gesellschaft zu stellen. Im Einzelfall mögen zu dieser Entscheidung sehr unterschiedliche Erfahrungen und Überlegungen geführt haben. Welche Beweggründe auch vorlagen, die Verstorbenen haben unsere Anerkennung, unsere Ehrfurcht und unseren Respekt für diese Bereitschaft verdient.
Wir möchten Ihnen heute vor allem unsere Erfahrungen des ersten Studiensemesters Medizin schildern. Gleich zu Beginn wurden wir mit einem unvermeidlichen Thema unseres Berufs konfrontiert: mit dem Tod und unserer eigenen Vergänglichkeit. Denn auch wenn wir noch recht jung sind und gerade erst am Anfang unserer medizinischen Ausbildung stehen, haben wir uns schon jetzt mit Fragen rund um das menschliche Leben und vor allem rund um den Tod beschäftigt, die sich wohl sonst nur wenige in unserem Alter stellen. Uns hat es im ersten Moment Überwindung gekostet, an den leblosen Menschen auf dem Tisch vor uns heranzutreten. Für viele von uns war es der erste Kontakt mit einem Toten, für fast alle von uns das erste Mal, eine so große Nähe mit einem Verstorbenen zu erleben.
Aber gerade die Tatsache, dass sich auch die Donatoren einmal entschieden und vielleicht überwunden haben, ihren Körper zu spenden, erleichterte uns diesen Schritt. Wir traten an sie unvoreingenommen heran und begannen damit, die Anatomie selbst zu erforschen. Der Kurs war eine sehr intensiv erlebte Zeit, täglich standen wir mit neun Kommilitonen eng gedrängt um einen Tisch, teilten Präparationsbestecke und Geschichten aus unserem Leben. So fand jeder in der Gruppe seine ganz eigene Methode, um mit dieser außergewöhnlichen Situation umzugehen. Der Präparationskurs gewann mit der Zeit an Normalität, wurde etwas Alltägliches. Es gab aber häufig Tage, an denen uns der Kurs auch nach seinem Ende nicht losließ, in Gedan-

ken standen wir immer noch im Präparationssaal. Je länger wir uns mit den Spenderinnen und Spendern auseinandersetzten, desto intensiver wurde auch der Bezug zum Menschen in all seiner Individualität. Unser Körper erzählt Geschichten aus unserem Leben und ist deshalb etwas sehr Persönliches. Sieht man einem Herz an, ob es gebrochen wurde? Hinterlässt eine Laus Fußabdrücke auf der Leber? Leiern Nerven mit der Zeit aus, wenn auf ihnen herumgetrampelt wird?

Es entstanden Bilder und Vorstellungen über das Leben der Einzelnen: Da hat einer eine Narbe am Kinn, ein Opfer, das er bringen musste, um ein leidenschaftlicher Radfahrer zu werden. Später wuchs Bart darüber und die Narbe wurde immer berührt, wenn er grübelte. Da hat einer am rechten Handrücken einen Leberfleck, der ihm ein Leben lang die Richtung wies. Er hatte immer Probleme, rechts und links zu unterscheiden. Da liebte einer besonders dieses Grübchen zwischen den Schlüsselbeinen dieser Frau, das immer hervortrat, wenn sie seufzte.

Egal, ob wir unseren Körper lieben oder nicht, er erzählt eine Geschichte von unserem Leben. Von den ersten, vergeblichen Geh- oder Fahrradfahrversuchen, von Kämpfen, möglicherweise Kriegen, vom Versuch, ganz hoch hinaus in den Wipfel des Baums zu kommen, von Schwangerschaften, Krankheiten, kleinen und großen Unfällen und nicht zuletzt natürlich von Gewohnheiten: Essen, Sport, Beruf? Lassen kräftige Hände auf einen Handwerker schließen? Bedeutet ein großes Herz, dass der Besitzer großherzig war?

Unser Körper ist die Landkarte unseres Lebens, doch erzählt er seine Geschichte nicht jedem. Die Narbe am Kinn erzählt uns nicht ihre abenteuerliche Entstehung, sondern nur denen, die eingeweiht sind. Wir als Außenstehende entdecken den Körper dennoch, wie eine Landschaft mit dem Atlas. Statt Ozeanen, Gebirgen, Wüsten und Flüssen zeigt unserer Organe, Knochen, Muskeln und Adern.

Das Privileg unserer medizinischen Ausbildung ist, dass wir nicht nur aus Büchern die standardisierte Anatomie des Menschen lernen, sondern auch die Vielfalt des menschlichen Körpers entdecken und im wahrsten Sinne des Wortes begreifen können.

Wir erkannten, dass bei all der Arbeit und dem Lernen vor allem eins wichtig war: Respekt. Das war es auch, was wir den Donatoren immer entgegengebracht haben. Sie haben uns ihren Körper zur Verfügung gestellt, um unsere medizinische Ausbildung zu bereichern. Wenn wir einmal gute Ärzte sind und den Menschen helfen können, dann haben die Menschen, deren wir

heute gedenken, ihren ganz persönlichen Beitrag geleistet. Diese Art des Andenkens wird bei uns bleiben.
Um unsere Dankbarkeit und Achtung auch symbolisch zum Ausdruck zu bringen, werden wir jetzt Kerzen nach vorne tragen. Für jeden Körperspender wird ein Student, der an ihm lernen durfte, eine Kerze nach vorne bringen. Sie bezeugen für uns Studenten das Ende der ersten Etappe unserer medizinischen Ausbildung, und für Sie, liebe Angehörige, dass wir das Andenken wieder in Ihre Hände zurückgeben möchten und dass Ihre Liebsten nach so langem Warten wieder ganz Ihnen gehören.

Im Anschluss an die Gedenkfeier haben Sie die Möglichkeit, eine Kerze in Empfang zu nehmen. Wir würden uns freuen, wenn Sie diese Möglichkeit als Zeichen unserer Ehrfurcht annehmen, denn wie wir wissen: „Der Mensch ist erst dann tot, wenn niemand mehr an ihn denkt …“.

Kerzen-Prozession der Kursteilnehmenden, dazu:

R. Turk und J. R. Robinson, Meditation

„Recordare” aus: W. A. Mozart, Requiem

Ansprache der evangelischen Studentenpfarrerin Martina Rogler

Liebe Studentinnen und Studenten, liebe Lehrende und liebe Angehörige der Verstorbenen!

Abschiede bringen zwei Gefühle mit: Befreiung, Aufatmen und Aufbruch zu Neuem einerseits, Schmerz und Trauer andererseits. Eines aber ist ganz unabhängig von dem, was das Herz bewegt, unbestritten: Man muss Abschied nehmen, damit Neues anfangen kann. Ich möchte Sie *alle* ein paar Schritte begleiten, damit dieser Abschied gelingt, indem Sie etwas *für sich* abschließen und dann befreit und versöhnt von hier weggehen können.

Sie als Studierende: Sie haben einen riesigen Schritt geschafft auf dem Weg, Ärztinnen und Ärzte zu werden. Einen sehr schweren Schritt, nicht nur im Hinblick auf das große Lernpensum. *Schwer* war die Beklemmung zu Beginn des Kurses, die Scheu und Angst, der Respekt vor den toten Menschen. Das alles haben Sie geschafft, überwunden. Heute, zum Abschied, bestimmt Sie Dankbarkeit: Menschen haben ihre Körper zur Verfügung gestellt, damit Sie ideale Lernbedingungen haben. In andern Ländern sind Studenten allein auf Lehrbücher angewiesen. So werden Sie später den Menschen gut helfen können. Sie werden für das Leben arbeiten. Dazu brauchen Sie die Toten. Heute haben Sie Ihren *Dank* ausgedrückt: mit Kerzen, mit Musik und Ihrem Gesang, mit Ihren nachdenklichen Worten. Sie sind heute hier, um die Toten zu ehren.
Während des Präparierkurses haben sich Empfindungen verändert: Scheu hat sich in Ehrfurcht gewandelt, Angst in Erleichterung. Immer größer aber wurde Ihr *Respekt* vor dem Toten und der aufblitzenden Frage, wie dieser Mensch wohl gelebt hat, größer wurde *Ihre Achtung* vor dem Wunder des Lebens. Etwas von diesem tiefen Respekt haben wir alle heute gesehen: Mit der gleichen Sorgfalt und Behutsamkeit, mit der Sie die Kerzen zum Altar getragen haben, sind Sie mit den Toten umgegangen. Mit Ihrem Dank und dem Ausdruck Ihrer *Ehrfurcht* haben *Sie, liebe Studierende, und auch Sie, liebe Lehrende*, diesen Menschen etwas zurückgegeben von der *Würde*, die jeder Mensch hat und die durch nichts zerstörbar ist. *So haben die Toten ihren Frieden.*
Sie haben auch etwas gelernt über den Tod und die Zerbrechlichkeit des Menschenlebens, auch Ihres Lebens. Es ist gut und schmerzhaft, wenn Sie das irritiert hat. Doch jetzt: Atmen Sie auf und leben Sie – bewusst und dankbar, denn Leben ist Geschenk, wertvoll und schützenswert. Lieben Sie Ihr einziges Leben noch ein bisschen mehr als vorher, stecken Sie andere mit dieser Liebe zum Leben an. Nehmen Sie die Ehrfurcht vor dem Leben, jedem Leben, in Ihr Denken auf. Das wird Sie zu sehr guten Ärztinnen und Ärzten machen.
So haben auch Sie Ihren Frieden. So können Sie gut den Abschied als Neubeginn leben und in einen neuen Studienabschnitt aufbrechen. Sie haben eine große Hürde geschafft, persönlich und im Studium. Freuen Sie sich von Herzen! Seien Sie versöhnt mit den Toten und mit dem Leben, und gehen Sie versöhnt, befreit, gesegnet von hier weg.

Und Sie als Angehörige der Verstorbenen: Es ist schon lange her, dass Sie Abschied genommen haben, und nun noch einmal, diesmal endgültig. Vielleicht war da der nagende Gedanke, dass der Körper des Menschen, der einst zu Ihrem Leben gehörte, noch keine bleibende Ruhe gefunden hat. Denken Sie jetzt einen Moment noch einmal zurück an ihn: an sein Lächeln, seine Stimme, an das, wofür sie ihn geliebt haben. An diesen Menschen mit seiner Liebenswürdigkeit und seinen Schattenseiten. Und denken Sie noch einmal an das, was Sie ihm nicht verzeihen können, was Sie versäumt haben: an das Ungesagte, das er eigentlich wissen sollte, aber auch an Worte, die besser nicht gesagt worden wären.
Die Erinnerung an gemeinsames Leben wird bei Ihnen bleiben.
Doch den Menschen lassen Sie los. Behalten Sie die Liebe und Achtung, die Sie empfanden, und lassen Sie diese in Ihrem Herzen groß werden. Versöhnen Sie sich mit ihm, wenn Sie es irgend können – und mit seinen Entscheidungen. Lassen Sie die schweren Gedanken hier: Beklemmung und Leere, Trauer und Ungewissheit. Nehmen Sie mit, was leicht atmen lässt: Liebe, Dank und Erinnerung, Respekt und Freundschaft.
Betrachten Sie die Kerzen, die die Studierenden Ihnen mitgeben wollen, als endgültiges Abschiedssymbol. Für Sie als Angehörige mag das vielleicht das lang ersehnte Licht am Ende eines dunklen Tunnels sein. Lassen Sie sich von dem, was die Studentinnen und Studentinnen Ihnen damit sagen wollen, trösten.
Dann gehen Sie befreit, versöhnt, gesegnet: in Frieden mit sich, mit den Toten, mit dem Leben.

Chor: J. E. Moore, An Irish Blessing

Gemeinsames Gebet und Stille (Pastoralreferent Gerhard Wastl):

Die religiöse Sprache – das Gebet – hat für unsere Gefühle Worte gefunden, die viele Menschen miteinander verbinden, und: die viele Menschen im Angesicht des Todes und im Angesicht der Toten trösten. Diese Sprache ist nicht immer leicht verständlich, manchen ist sie fremd geworden. Wenn diese Sprache sagt: „Vater unser im Himmel“, dann zielt sie auf den liebevollen Grund allen Seins. Und wenn sie sagt: „Geheiligt werde Dein Name“, dann meint sie Dankbarkeit und Ehrfurcht vor dem Leben und seinem Ursprung. Wenn diese religiöse Sprache sagt: „Denn Dein ist das Reich und die Kraft und die Herrlichkeit“, dann träumt sie von einem Zustand der Welt und unseres Lebens, wenn es so ist, wie es sein soll: voll Leben, Liebe und Frieden.

Das wünsche ich uns allen und lade Sie ein, aufzustehen und dieses Gebet gemeinsam zu sprechen. *(Es folgt das Vaterunser.)*

Einladung zum Abholen der Kerzen (G. Wastl):

Liebe Angehörige, die Studierenden haben Kerzen nach vorne getragen. Eine Kerze für jeden Menschen, an dessen Körper sie lernen durften. Es waren Ihre Angehörigen.

Wir laden Sie ein, nach vorne zu kommen und für Ihren Verstorbenen, für Ihre Verstorbene eine Kerze in Empfang zu nehmen. Als Dank. Und als Erinnerung an Ihren Verstorbenen. Die Studierenden werden Ihnen die Kerzen reichen, während wir dazu Musik hören, der Verstorbenen gedenken und für sie beten.

Instrumentalimprovisation

Auf dem gemeinsamen Grabmal im Waldfriedhof für die Menschen, die ihren Körper der Anatomie vermacht haben, steht: Die Toten lehren die Lebenden. Das ist geschehen in Ihrem Kurs. Wenn wir diese Worte nur leicht verändern, benennen sie das, was wir jetzt gerade getan haben: Die Lebenden ehren die Toten. Sie haben Ihre Dankbarkeit zum Ausdruck gebracht, und mit diesen Kerzen haben Sie gleichsam die Verstorbenen zurückgegeben. In das Andenken ihrer Angehörigen, und in die Hand Gottes.

Damit schließt sich ein Kreis: Ein Abschnitt des Lernens für die einen, und für die anderen ein Abschnitt der Trauer und des Abschieds, der unterbrochen war, geht jetzt zu Ende.

Nehmen Sie nach unserem letzten Lied noch eine Kerze mit, wenn Sie es noch nicht getan haben; wir werden sie Ihnen reichen.

Ich wünsche Ihnen allen, dass Sie die Toten nun ruhen lassen können,
und dass die Toten Sie ruhen lassen.
Ich wünsche Ihnen alles Gute für Ihren weiteren Weg.
Ich wünsche Ihnen Glück und Gottes Segen.
Gehen Sie in Frieden.

Chor und Orchester: J. S. Bach, Jesu bleibet meine Freude

3.3 „macht:liebe“. Ein find•fight•follow-Gottesdienst in Wien (Gregor Jansen)

3.3.1 Vorbemerkungen: Wie es dazu kam

Es war ursprünglich nie geplant, dass sich aus den ersten drei Gottesdiensten „find“, „fight“ und „follow“ Anfang 2003 eine derart erfolgreiche Institution entwickeln würde, unter deren Dach mittlerweile bereits 40 große Jugendgottesdienste gefeiert wurden. Am Anfang stand die Beobachtung der InitiatorInnen – Jugendliche aus der Wiener Pfarre „Maria Treu“ im achten Bezirk, die zum Teil bereits jahrelange Erfahrung im Gestalten von Jugendgottesdiensten hatten –, dass sich immer weniger Jugendliche von den „klassischen“ kirchlichen Angeboten ansprechen lassen. „Wir wollen Gottesdienste feiern, zu denen 1000 Jugendliche kommen“, war das anfangs viel belächelte Ziel. Dazu sollten die Feiern besondere Erlebnisqualität haben: Das eindeutige Bekenntnis zum „Event-Gottesdienst“ stand somit ganz am Anfang des Projekts. Die Form sollte außergewöhnlich sein, um die jugendlichen Adressaten auch für die Inhalte ansprechbar zu machen. Dabei wurden (und werden bis heute) fünf Punkte besonders beachtet:

- *„Wir bringen junge Musik in die Kirche. Rock- und Popmusik, wie man sie aus dem Radio kennt, in der Kirche – mit christlichen Inhalten. Manchmal nehmen wir auch weltliche Lieder und schreiben einen neuen Text.*
- *Wir verwenden Sprache, die man versteht: Texte, Gebete, Theaterstücke etc. werden vom ersten bis zum letzten Wort selbst geschrieben. Da haben Wörter, die man nicht versteht, keine Chance.*
- *Wir feiern Gottesdienst, wie junge Leute feiern: Mit einer beeindruckenden Soundanlage und stimmungsvollen Lichteffekten – die Technik unterstützt uns beim Transportieren der Message.*
- *Videosequenzen, Straßenumfragen, Pantomime-Sequenzen, 3D-Brillen, SMS-Umfragen und viele andere spannende Methoden werden eingesetzt. Ein Erlebnis für möglichst viele Sinne.*
- *Wir feiern nicht im stillen Kämmerlein, sondern in knallvollen Kirchen mit 1000 bis 3000 begeisterten Jugendlichen – sie sind so begeistert, dass sie ihre Sitznachbarin aus der Schule mitnehmen.“*[29]

[29] Eigendefinition auf der Website: http://www.findfightfollow.at/php/aboutfff.php.

Natürlich werden durch die Event-Gottesdienste auch solche Jugendliche angesprochen, die keinen oder nur sporadischen Kontakt zur Kirche haben – diese machen nach unseren Erfahrungen etwa ein Drittel der BesucherInnen aus. Die Gottesdienste sollen aber zugleich auch für kirchlich etwas mehr sozialisierte Jugendliche (wie FirmkandidatInnen, Pfarr-Jugendgruppen etc.) ansprechend und überzeugend sein. In diesem Sinn ist find•fight•follow also kein reines Angebot für „Suchende" oder „Fernstehende" – wenn man einmal nicht davon ausgeht, dass „Jugendliche" und „Kirche" einander grundsätzlich fern geworden sind. Vielmehr bilden die Mitfeiernden einen Mix sowohl aus „ungeübten" (bzw. „aus der Übung gekommenen") wie aus regelmäßigen Gottesdienstbesuchern, aus solchen, die zum ersten Mal einen derartigen Gottesdienst besuchen, wie aus „Stammgästen". Aber allen Mitfeiernden gemeinsam ist der Wunsch nach einem abwechslungsreichen, überraschenden, musikalisch, methodisch und inhaltlich ansprechend gestalteten Gottesdienst. Und die Erfolgsgeschichte von find•fight•follow zeigt, dass die Mitfeiernden hier etwas von dem gefunden haben, was sie bei anderen Gottesdienstfeiern vermisst haben.
Dennoch unterscheidet sich die Gottesdienstreihe find•fight•follow wesentlich von anderen „Feiern für Gottsuchende", die in dieser Arbeitshilfe vorgestellt werden: Die große Mehrzahl der bisher gestalteten Feiern waren nämlich Eucharistiefeiern, also die Hochform katholischer Liturgie (daneben gab es allerdings auch Wortgottesdienste und ökumenische Feiern sowie schon mehrere „Nightprayer", etwa im Rahmen der alljährlichen „Langen Nacht der Kirche"). Dabei liegt die Entscheidung, welche Gottesdienstform gewählt wird, in der Verantwortung des jeweils vorbereitenden Inhalts-Teams. Die letztlich gewählte Form richtet sich also nach dem zuvor festgelegten Inhalt.[30] Die Gesamtzeit der inhaltlichen Konzeptionierung und Vorbereitung eines find•fight•follow-Gottesdienstes ist immer recht umfangreich. Erste Treffen zum Inhalt der Feier gibt es zwei bis drei Monate vor dem Gottesdienst, weil ja das technische Konzept den inhaltlichen Vorgaben folgt und dem Raum gerecht werden muss.

[30] Die zur (zumindest internen) Marke gewordenen Anfangsbuchstaben von find•fight•follow weisen auf den Grundsatz „form follows function" hin – die (Gottesdienst-) Form und die verwendeten Methoden werden dadurch bestimmt, welche Inhalte die Feier prägen: Das „Was" bestimmt das „Wie". Wenn sich das Vorbereitungsteam für die Eucharistiefeier entscheidet, soll jedenfalls darauf geachtet werden, dass es nicht zu einem Bruch in der Feier kommt, d.h. dass der Spannungsbogen („roter Faden") so gestaltet werden muss, dass die Eucharistie organisch darin Platz findet.

Auch die im Folgenden vorgestellte Feier „macht:liebe“ war eine Eucharistiefeier, die am Christkönigssonntag 2004 in der Wiener Minoritenkirche gefeiert wurde. Zugleich war dieser Gottesdienst der Auftakt zur dritten Staffel der find•fight•follow-Gottesdienste.
Am Beginn der Feier wurden Erfahrungen von Ohnmacht und Macht thematisiert, die letztlich zur Frage führten, wie und worin die „Macht“ Gottes zu erfahren ist. Der dominierenden Ungerechtigkeit, dem Machtmissbrauch und offenkundigen Erfolg der rücksichtslosen Egoisten wurde die „Torheit des Kreuzes“ entgegengestellt (Christkönig!). Die Eucharistie als Vergegenwärtigung des Kreuzestodes und der Auferstehung hat sich somit von diesen inhaltlichen Überlegungen als adäquate Feierform regelrecht aufgedrängt.
Die folgende Darstellung des Gottesdienstes versteht sich als grobe Skizze und nicht als ausformulierte Gottesdienstvorlage. Manche Gottesdienstteile werden umschrieben, andere wörtlich zitiert. Der gedruckte Gesamtablauf des Gottesdienstes mit technischen Anweisungen und anderem umfasste 31 Seiten.
Selbstverständlich stellt sich immer die Frage nach der Liturgiefähigkeit von (nicht nur) jugendlichen Mitfeiernden. Diese Frage muss angesichts der (realen) Adressaten im Vorfeld geklärt werden. Mindestens ebenso virulent ist meiner Erfahrung nach aber die Frage nach der „Jugendfähigkeit“ der Liturgie der Kirche. find•fight•follow-Gottesdienste versuchen hier einen Brückenschlag.[31]
Zur Raumsituation: Die im ersten Wiener Gemeindebezirk (also der Innenstadt) zentral gelegene Minoritenkirche ist ein hoher gotischer Hallenbau mit drei annähernd gleich großen Schiffen. Das eröffnete die Möglichkeit, dass neben dem zentralen liturgischen Ort (Presbyterium, Altarbereich) in den Seitenschiffen kleinere Nebenbühnen aufgebaut werden konnten, die im Verlauf des Gottesdienstes verwendet wurden. In jedem Schiff hingen große Projektionswände, die für Liedtexte, Filmsequenzen und Live-Bilder (mit Hilfe zweier mobiler Kamerateams) eingesetzt wurden.

---

[31] Vgl. dazu ausführlicher: G. Jansen, S. Bazalka, F. Unterberger, *Bunt, laut und fromm. Kriterien gelingender Jugendgottesdienstpraxis in Wien*, in: BiLi 81. 2008, 211–215.

3.3.2 Darstellung mit Textbeispielen

Warm-up:
persönliche Begrüßung jedes Gastes – Anmoderation des Themas inklusive Lieder

1. Teil „macht“:
Video/Musik – Impulsfragen – Bibel – Überleitung – Tagesgebet

2. Teil: „liebe“:
Lied – drei Theaterszenen / Lied – Glaubensbekenntnis

3. Teil: „macht:liebe“:
Predigt – Gabenbereitung – Eucharistisches Hochgebet – Kommunion

4. Teil: „macht liebe!“:
Projektion für Folien-Brillen mit begleitender Moderation – Lied
Verlautbarungen – Schlussgebet – Segen – Schlusslied

Warm-up

Am Eingang der Kirche werden die Ankommenden von den RollenträgerInnen (Zelebranten, Laienassistent,[32] *einige Jugendliche, die später in den Theaterstücken aktiv sind, sowie die Mitglieder der Band)*[33] *persönlich begrüßt. Da im weiteren Verlauf des Gottesdienstes keine „formelle“ Begrüßung mehr vorgesehen ist, soll darauf geachtet werden, dass wirklich jede und jeder begrüßt wird. Die Begrüßenden tragen Namensschilder.*

Zum Warm-Up gehen die Bandmitglieder an ihre Plätze (in Altarnähe, sichtbar für die Mitfeiernden!) – das Warm-Up wird von der Leadsängerin moderiert. Einige Lieder, die später auch im Gottesdienst vorkommen, werden gespielt, die Anwesenden werden zum Mitsingen animiert (Liedtexte werden

---

[32] In den find•fight•follow-Gottesdiensten setzen wir neben den amtlich beauftragten Zelebranten immer auch Jugendliche ein, die Teile der Gottesdienstvorstehung übernehmen (etwa Gebete, inhaltliche Beiträge etc.). Dabei handelt es sich nicht um „Mystagogen“ oder KommentatorInnen, die das Geschehen erklären, und auch nicht um reine ModeratorInnen, sondern – so weit es die liturgischen Möglichkeiten zulassen – um gleichberechtigte VorsteherInnen.

[33] Die Musik hat in unseren Gottesdiensten einen hohen Stellenwert. Während des Gottesdienstes werden Moderations- und Gebetsteile von der Band übernommen, jedes Lied ist inhaltlich motiviert. Da die Sänger und Instrumentalisten somit klare liturgische RollenträgerInnen sind, begrüßen sie die Ankommenden auch an dieser Stelle.

auf die Leinwände projiziert).[34] *Nach dem Lied „More love, more power" (J. del Hierro) moderiert die Leadsängerin das Thema des Gottesdienstes kurz an:*

„Unser heutiges Thema heißt macht:liebe.
Einige von Euch, die sich etwas Bestimmtes erwartet haben, sollten den Titel etwas genauer lesen. Da steht nämlich ein kleiner Doppelpunkt zwischen den beiden Worten.
Es geht uns also heute um zwei große Themen.
Was bedeutet Macht, wie gehen wir in unserem Leben damit um, und was bedeutet Liebe eigentlich.
Am Ende des Gottesdienstes sind wir hier hoffentlich ein Stück weiter gekommen, und vielleicht verschwindet dieser kleine Doppelpunkt ja doch noch."

1. Teil „macht"

Intro-Video „macht"

Nach dem letzten Lied des Warm-Up wechselt die Stimmung: Fokussierung des Lichtes, dazu wird (erst leise und langsam, dann lauter und schneller werdend) ein „Herzschlag" hörbar (unterstützt durch visuelle Effekte auf den Leinwänden).

Der auf den Leinwänden lesbare Titel „macht:liebe" verändert sich so, dass das Wort „liebe" kleiner wird und verschwindet und nur noch „macht" zu lesen ist. Visuell wird dadurch der erste Hauptteil des Gottesdienstes übertitelt.

Dann beginnt ein Video von etwa drei Minuten, in dem in rascher Folge bekannte Sequenzen von realem Machtmissbrauch bzw. erlebter Ohnmacht zu sehen sind. Zunächst bekannte „Ikonen" aus Gegenwart und Geschichte (z.B. 9/11, Krieg, Atompilz, Hitler am Reichsparteitag, Luftverschmutzung, Napalm in Vietnam, irakisches Gefängnis), die dann übergehen in Formen von Machtmissbrauch, Mobbing etc. im Umfeld Jugendlicher (mit Jugendlichen gedrehte Kurzsequenzen, z.B. Weg-Klicken eines lästigen Handy-

[34] Das „Warm-Up" hat nicht nur die Funktion einer Liedprobe, sondern soll am Beginn des Gottesdienstes, der ja nicht erst mit dem Einzug und dem Kreuzzeichen beginnt, sondern mit der Versammlung der Feiernden, eine Einstimmung in die Feier ermöglichen. Zugleich haben technische Hinweise (etwa zum Ort der Toiletten und der Erste-Hilfe-Station, Ausschalten der Handys usw.) hier ihren Ort. Bei „macht:liebe" war das Warm-Up relativ lang und umfasste sieben Lieder. Zwischen den Liedern begrüßte die Leadsängerin einige der Mitfeiernden, fragte, wo sie herkommen usw.

Anrufs, Wegziehen des Stuhls, aggressives Zigarettenrauch-ins-Gesicht-blasen, Lehrer schikaniert Schüler, Anrempeln auf der Straße, Bus fährt vor der Nase weg, sexuelle Belästigung in der Gruppe).

Das Video wird ohne Ton gezeigt, die Band spielt dazu eine harte, im Verlauf des Videos lauter werdende aggressiv-destruktive Musik. Es endet mit der Schlusssequenz (aus der Opfer-Perspektive gedreht): Jugendlicher (Kamera in Egoperspektive) wird angepöbelt, angerempelt, fliegt nach hinten um (Kamera in den Himmel). Dann ist zu sehen, wie ihm mit einem Fuß ins Gesicht getreten wird (Kamera: Schuhsohle => schwarz). Die Musik endet schlagartig, es ist nur mehr der schnelle, laute Herzschlag zu hören.

Der Herzschlag geht weiter, auf der Leinwand erscheinen (und verschwinden dann wieder) Schlagworte wie „Macht“, „Missbrauch“, „Gewalt“ usw., die das Video rekapitulieren.

Impulsfragen

Die Band nimmt den Herzschlag auf und entwickelt daraus leise Hintergrundmusik.

Der gesprochene Text besteht aus zwei Sätzen. Während des Sprechens (aus dem Off) erscheint der (fett gedruckte) Text der Frage auf der Leinwand in einer Art Echo-Effekt:

Ich bin nicht immer der Starke, der Erfolgreiche:
In welchen Situationen liege ich unterlegen da, am Boden zerstört? (Leinwand: **… am Boden zerstört?**)
Oft kann ich nicht selbst über mein Leben bestimmen:
Wann bin ich anderen wehrlos ausgesetzt? (Leinwand: **… anderen wehrlos ausgesetzt?**)
Ich fühle mich allein, hilflos und schwach:
Und wie gehe ich dann damit um? (Leinwand: … **wie gehe ich damit um?**)
Hat Jesus so etwas auch erlebt?

Es erscheint ein großes, statisches Kreuzigungsbild.

Über das Bild wird die vierte Impulsfrage projiziert.

Wie ist er damit fertig geworden? (Leinwand: **... ist Jesus damit fertig geworden?)**

Die Band spielt nach der vierten Impulsfrage noch ca. 10–15 Sekunden weiter.

Evangelium Mt 27,39–42

Die Zelebranten und der Laienassistent sitzen nach wie vor in einer der letzten Reihen der Kirche. Dort beginnt nun einer der Konzelebranten das Evangelium zu lesen. Schwacher Lichtkegel auf ihn. Auf der Leinwand ist weiterhin das große, statische Kreuzigungsbild, das Evangelium beginnt unmittelbar nach dem Ende der Hintergrundmusik.

Die Soldaten schlugen Jesus ans Kreuz, dann verlosten sie seine Kleider. Sie setzten sich neben das Kreuz und bewachten Jesus.
Über seinem Kopf nagelten sie ein Schild an, auf dem stand, weshalb man ihn gekreuzigt hatte: „Das ist Jesus, der König der Juden!"
Die Leute, die vorbeigingen, beschimpften und verspotteten Jesus:
„Du also wolltest den Tempel zerstören und in drei Tagen wieder aufbauen! Dann rette dich doch jetzt selbst! Komm vom Kreuz herunter, wenn du wirklich der Sohn Gottes bist!"

Auch die Priester, Gesetzeslehrer und die Führer des Volkes machten sich über ihn lustig:
„Anderen hat er geholfen, aber sich selber kann er nicht helfen. Wenn er wirklich der König Israels ist, soll er doch vom Kreuz heruntersteigen. Dann wollen wir an ihn glauben!"

Nach dem Evangelium folgt eine Strophe und der Refrain des Liedes „Jesus Christ, I think upon your sacrifice" (M. Redman). Währenddessen gehen die Zelebranten und der Laienassistent zu ihren Plätzen. Danach bringt der Laienassistent das im Video Dargestellte in einen Zusammenhang mit dem Evangelium:

[...] Das Evangelium hat uns gerade einen relativ extremen Fall von Hilflosigkeit und Unterlegenheit gezeigt. Jesus hängt am Kreuz, er weiß, dass er bald sterben wird, und er wird von allen verspottet. Viel schlimmer geht es wohl nicht mehr. Jesus bestimmt, obwohl er Sohn Gottes ist und damit alle Macht der Welt hat, in diesem Moment nicht mehr über sein Leben.
Und damit sind wir auch schon bei der dritten Frage von vorher: Wie gehen wir mit solchen Situationen um? Und in dieser Frage wird es wirklich interessant. Jesus sucht nämlich keine billige Lösung. Er steigt nicht einfach herunter vom Kreuz und zeigt der ganzen Welt seine Macht. Er bleibt sich selbst, aber vor allem seinem Vater treu. Und das, was der Hohepriester am Ende sagt, „anderen hat er geholfen", bleibt das Programm Jesu bis zum Schluss. Denn nur dadurch, dass er eben nicht heruntergestiegen ist vom Kreuz, hat er jedem einzelnen Menschen geholfen. Und dadurch, dass er nicht heruntergestiegen ist vom Kreuz, sondern sich der Macht einiger Menschen und vor allem dem Willen seines Vaters gebeugt hat, haben die Menschen schlussendlich an ihn geglaubt.

Dann leitet er zum Tagesgebet über:

Bevor Jesus das alles durchgemacht hat, hat er am Ölberg gebetet. Ich möchte Euch jetzt auch einladen, mit mir gemeinsam zu beten:
Vater, Du hast Jesus Christus alle Macht gegeben.
Trotzdem wurde er gekreuzigt und umgebracht.
Er hat seine Macht nicht ausgenützt, um zu einer billigen Lösung zu kommen.
Wir bitten Dich, dass wir in den Situationen, in denen wir uns unterdrückt und machtlos fühlen, erkennen können, dass wir nicht alleine sind. Du bist bei uns, und du weißt, wie es uns dann geht.

Wir bitten Dich auch um Kraft, damit wir so wie Jesus solche Situationen bewältigen können, damit die Verzweiflung in solchen Situationen uns nicht überwältigt.
Darum bitten wir Dich durch Jesus Christus, der für uns gestorben ist. Amen.

2. Teil: „liebe“

Das Lied „More love, more Power“ leitet den zweiten Teil des Gottesdienstes ein. Das Wort „macht“ auf der Leinwand wird wieder zum Titel „macht:liebe“, von dem jetzt das Wort „liebe“ stehen bleibt.

Drei Theaterszenen (auf jeder Bühne mit jeweils eigener Lichtsituation)[35] *stellen Situationen dar, in denen Menschen traurig bzw. verzweifelt sind. In einer ersten Szene wird die jeweilige Ausgangssituation dargestellt:*

Szene A: Ein Mädchen sitzt daheim auf ihrem Sofa und hat Liebeskummer. In einem Selbstgespräch zeigt sie ihre verzweifelte Situation. Ihr Freund hat Schluss gemacht, obwohl sie sich eine gemeinsame Zukunft ausgemalt hatte. Ihr Monolog endet mit resignativen Fragen:

Wir haben uns so gut verstanden.
Alle haben das gesagt, dass wir super zusammenpassen.
Sogar Papa hat ihn langsam gemocht.
Und jetzt ist alles aus?
Von heut auf morgen hat er mich nicht mehr gern?

Szene B: Drei Skater. Einer liegt mit gebrochenem Bein daheim, die beiden anderen kommen zu ihm und machen ihm Vorwürfe, dass sie wegen seines selbst verschuldeten Unfalls jetzt bei der anstehenden Skate-Challenge keine Chance mehr haben. Sie sind enttäuscht, weil er sie (in ihren Augen) im Stich lässt, sein Egoismus wichtiger war als das Team.

Szene C: Ein Krüppel liegt am Teich Betesda und sinniert über sein Leben (vgl. Joh 5,1–18). Er sitzt schon seit 38 Jahren am Teich und wartet darauf, dass sich das Wasser durch einen Engel bewegt und er in den Teich steigen kann, um geheilt zu werden. Da er aber verkrüppelt ist, schafft er es nicht rechtzeitig:

---

[35] Da nicht von allen Plätzen jede Bühne einsehbar ist, wird die gespielte Szene jeweils mit Live-Bild auf die Leinwände projiziert.

Ist das ein gerechter Gott?
Ja, er schenkt uns einen Teich mit heilendem Wasser.
Ja, Wasser das wieder gesund macht. Heilendes Wasser.
Aber wann heilt es denn schon? Es heilt nur alle heiligen Zeiten.
Wenn es sich bewegt, wenn ein Engel es bewegt, heißt es.
Und dann nur den ersten, der es erreicht.
Einen einzigen!
Nur den schnellsten heilt das Wasser!
Immer nur die Schnellsten!
Warum?
Warum die Schnellen?
Warum nicht die, die es am schlimmsten erwischt hat?
Und warum nur einen?
Warum nicht 2 … oder 5 … oder 20. Warum nicht alle?
Ja, warum nicht alle?
Habe ich es denn nicht verdient?
Ich, der ich seit Jahren hier sitze.
Ständig schaue ich auf das Wasser.
Jeden Augenblick kann es soweit sein.
Mein Blick ist so starr geworden wie meine Beine.
Ich kann nicht in Ruhe essen, ich kann nicht in Ruhe schlafen.
Ständig starre ich auf das Wasser.
Es kann jederzeit soweit sein.
Jeden Augenblick.
Was ist das für ein Gott, der Blinde, Lahme, Aussätzige so sinnlos warten lässt?
Ist das der gütige Gott?

Das Lied „Ironic" (A. Morissette) leitet zu den „Auflösungen" der drei Szenen über:

Szene A: Ein Telefonanruf von einer Freundin. Man hört nur das Mädchen auf dem Sofa, bemerkt aber aufgrund ihrer Reaktion, dass sie durch das Gespräch aufgemuntert wird und sich schließlich für den Abend mit ihrer Freundin verabredet.

Szene B: Die vorher schimpfenden Skater besuchen ihren Freund. Sie haben offensichtlich trotz der Verletzung des Skaters gewonnen und feiern jetzt mit ihm gemeinsam.

Szene C: Jesus kommt und heilt den Gelähmten:

Lahmer:	Bist du der, von dem die Leute reden?
Jesus:	Was reden die Leute von mir?
Lahmer:	Dass du Menschen heilst. Dass du sogar Tote zum Leben erwecken kannst.
Jesus:	Und glaubst du den Leuten?
Lahmer:	Ich glaube an einen Gott, der seine Kraft an diesem Wasser zeigt.
Jesus:	Und du bist hier, weil du gesund werden willst?
Lahmer:	Ja, aber ich bin allein. Ich habe niemanden, der mir in den Teich hilft, wenn sich das Wasser bewegt. Allein komme ich immer zu spät, aber ich glaube fest daran, dass du mich heilen kannst!
Jesus:	Du bist nicht allein. Gott ist mit dir. Steh also auf, roll deine Matte zusammen und geh.
Lahmer:	Aber … (nach einem kurzen ungläubigen Blick, merkt man die Verwandlung in ihm, er steht mühsam auf und steht dann auf wackeligen Beinen.)
Jesus:	Du bist gesund geworden. Mein Vater hat dir durch mich ein neues Leben geschenkt. Immer, an jedem Tag, tut mein Vater Gutes, und ich folge seinem Beispiel.

Nach der Szene leitet die Leadsängerin zum Glaubensbekenntnis über:

Immer, an jedem Tag, tut Gott Gutes,
weil er uns liebt,
weil er da ist bei uns,
unsichtbar, aber doch da.

Lied: „Ja, ich glaube daran (Dass du da bist unsichtbar)“ (W. + M. Reischl)

Auf der Leinwand erscheint jetzt wieder der ganze Titel: „macht:liebe“, womit der Einstieg in den dritten Teil des Gottesdienstes markiert wird.

3. Teil: „macht:liebe“

In der Predigt durch den Hauptzelebranten (G. Jansen) werden noch einmal kurz die bisherigen Gedankenschritte angesprochen (stichwortartiges Predigtkonzept):

Beginn der Messe: Beispiele von Macht-Missbrauch „im Großen“:
Krieg, Hunger, vom Menschen verursachte Katastrophen.
Bilder, die wir kennen. Was kann ich da denn schon ändern? Ich bin doch machtlos, ohnmächtig.
Mächtige: Bush, Putin, Wirtschaftsbosse wie Bill Gates – könnten etwas tun, aber ich?
Bin anderen total ausgeliefert, nur ganz kleine Nummer: Fängt zu Hause an, in der Schule, wenn ich Anerkennung suche, aber nicht bekomme. Von anderen kleingemacht, fertiggemacht werde.
Vielleicht habe ich eine Szene, eine Situation wieder erkannt:
Wer bin ich? Der Lachende, Überlegene – oder liege ich unten, am Boden, bin der, der ausgelacht wird?
Ich habe selbst Macht und übe sie aus – vielleicht nur im Kleinen, vielleicht im ganz alltäglichen Umgang mit anderen: Keiner von uns ist völlig machtlos. Und keiner auf der Welt ist all-mächtig: Der, der es war – Jesus von Nazareth –, hat darauf verzichtet, das Spiel der Mächtigen mitzuspielen.
Wurde von Mächtigen seiner Zeit – Römern, religiösen Führern – aus dem Weg geräumt, hat sich aufs Kreuz legen lassen. Seine Macht nicht für sich genutzt. Seltsam, verrückt: auf Macht zu verzichten …
Dabei hatte er Macht:
Wenn ihm Menschen begegnet sind, hat er sie zum neuen Leben gebracht. Sie ermutigt, ermächtigt, neu zu leben:
Wie den Gelähmten am Teich: der war ohnmächtig, machtlos, mutlos – verdammt, auf ein Eingreifen Gottes zu hoffen, von dem niemand wusste, ob es überhaupt kommen wird. Verzweifeltes, hoffnungsloses Hoffen.
Jesus hilft ihm, indem er ihm Hoffnung, Vertrauen gibt – in Gott und in sich selbst:
Jesus hebt ihn nicht auf, sondern sagt: „Steh auf“. Stellt ihn nicht auf die Füße, sondern lässt es ihn selbst tun – er selbst soll daran glauben, dass er es schafft, es kann – seine Trage nehmen und weggehen.
Jesus zeigt dem Gelähmten, dass er selbst die Kraft, die Macht hat, sein Leben zu verändern, es in die Hand zu nehmen. Jesus setzt seine Macht behutsam, liebevoll ein, und der Gelähmte findet Kraft, aufzustehen und neu zu leben.

Jesus spielt seine Macht nicht für sich selbst aus, sondern nutzt sie für andere. Seine Liebe ist die Macht, die Menschen verändert.
Er gibt mir die Macht, mich selbst zu ändern und so mein direktes Umfeld zu verändern. Langsam, behutsam, liebevoll.
Er gibt uns die Kraft, uns selbst zu ändern – und damit die Welt zu verändern. Vielleicht im Kleinen, aber immerhin: sie zu verändern. Ich verändere die Welt, wenn ich liebe.
Das ist Revolution, das ist Umsturz, das ist der Anbruch des Reiches Gottes ganz konkret, ganz einfach erfahrbar. Ich muss es nur wollen. Und tun.
Menschen, die diesen Weg Jesu ganz konsequent gehen, ihn gegangen sind: Franz v. Assisi, Ordensvater der Minoriten (sein Bild ist an der Säule zu sehen):[36] Er war reich, verzichtete aber auf seinen Besitz, um arm ganz für andere zu leben. Legte die Macht des Geldes ganz spektakulär ab: Am Marktplatz von Assisi gab er seinem Vater alles zurück – buchstäblich alles –, bis er nackt da stand. Verzicht auf jede Macht, um frei zu sein zur Liebe.
Und bis heute gibt es Menschen, die nach seinem Vorbild leben.
Einer davon: Maximilian Kolbe. Im KZ bekam er mit, wie ein Familienvater in den Hungerbunker geschickt wurde, um dort zu sterben. KZ – größere Situation der Machtlosigkeit, des Ausgeliefert-Seins können wir uns nicht vorstellen. Aber hier trifft er eine Entscheidung: Die wenige Macht, die er noch hat, setzt er ein – meldet sich, an Stelle des Familienvaters in den Tod zu gehen. Stirbt, damit der andere überleben kann. Niemand hat ihn dazu gezwungen, keiner konnte es erwarten. Liebe.
Kaum einer von uns ein Franziskus oder ein Maximilian Kolbe: Aber auch ich kann – im Kleinen – da, wo ich Macht habe, zu entscheiden, wo ich etwas tun kann, diese Macht einsetzen: entweder egoistisch, nur für mich – oder liebevoll, mit dem Blick für den anderen.
Das kann ich, das können wir – weil Jesus uns liebt. Er will uns dazu ermutigen, gibt uns die Kraft dazu. Das feiern wir in jeder Messe, in der Eucharistie.
Wenn jetzt Brot und Wein zum Altar gebracht werden, die zu Leib und Blut Christi werden, geschieht wirklich das, was wir feiern und glauben: Jesus selbst gibt sich hin, um mich, um uns, um die Welt zu verändern.

[36] Bei der Erwähnung der Heiligen (Franz v. Assisi und später Maximilian Kolbe) werden die entsprechenden Bilder im Kirchenraum beleuchtet und gleichzeitig in Großaufnahme auf der Leinwand gezeigt.

Zur anschließenden Gabenbereitung wird das Lied „Lord, I come to you" (G. Bullock) gesungen.

Im Eucharistischen Hochgebet wird als Akklamation das Lied „Your love is deep" (J. Smith) verwendet.

Auf eine besondere Ausgestaltung des Friedensgrußes wird zugunsten des auf die Kommunionspendung folgenden Sendungsteils verzichtet. Vor dem Kommunionempfang wird explizit darauf hingewiesen, dass es eine bewusste Entscheidung jedes/jeder Einzelnen ist, ob er/sie die Kommunion empfangen möchte: „Das Brot am Altar ist mehr als nur Getreide und Wasser. Es ist Jesus Christus – in diesem Brot wird seine Liebe zu uns sichtbar und greifbar. Wenn du daran glaubst, bist du eingeladen, den Leib Christi zu empfangen."

Zur Brotbrechung wird nochmals das Lied „Your love is deep" – die vorherige Akklamation – aufgegriffen.

4. Teil: „macht liebe!"

Nach der Kommunionspendung verändert sich auf der Leinwand der Titel „macht:liebe" zu „macht liebe!" Hierzu werden an alle Mitfeiernden Folien-Brillen[37] ausgeteilt. Dazu erläutert der Laienassistent:

Gott kommt uns ganz nahe. Er lässt uns seine Liebe spüren. Diese Liebe weiterzugeben, die wir selbst erfahren aus der liebevollen Beziehung zu Gott und den Menschen – das ist eigentlich eine relativ klare Botschaft, die wir aus dem heutigen Gottesdienst mitnehmen können. Aber dennoch bleibt sie irgendwie abstrakt. Wir wollen diese abstrakte Botschaft jetzt ein bisschen konkreter machen. Liebe kann man nur weitergeben, wenn wir genau erken-

[37] Kartonbrillen mit roten Sichtfolien, mit deren Hilfe man Bilder erkennen kann, über die ein rotes Farbmuster gelegt wurde. Mit Hilfe dieser „macht:liebe-Brillen", die zugleich als „Give-away" verwendet wurden, können die Mitfeiernden nachher die „Auflösung" der dargestellten Situationen erkennen: „Mit dem liebevollen Blick Jesu kann ich erkennen, was das Richtige ist".

nen, wo wir gebraucht werden. Auch in den zwei Texten, die wir über Jesus gehört und gesehen haben, steht eigentlich am Anfang eine große Sensibilität Jesu für die Bedürfnisse der Menschen. Zum einen erkennt er, dass die Menschen keinen mächtigen Befreier brauchen, sondern einen liebevollen Erlöser, zum anderen sieht er mitten in den vielen Menschen den einen Kranken, der Hilfe braucht.
Die meisten von euch haben in der Zwischenzeit schon Brillen bekommen. Diese Brillen sollen helfen, eure Augen zu schärfen für die Situationen, wo ihr gebraucht werdet. Wir werden das jetzt gemeinsam üben.
Auf der Leinwand werden jetzt Bilder erscheinen. Das sind aber Bilder, die man nicht gleich erkennt. Wenn ihr aber durch eure Brillen schaut, solltet ihr sehen, was zu tun ist. Ihr habt die Macht, euer Umfeld liebevoll zu verändern.

Vier alltägliche Entscheidungs-Situationen werden im Karikatur-Stil projiziert. Dazu werden jeweils zwei Lösungen angeboten: Eine lieblose und eine liebevolle. Mit Hilfe der ausgeteilten Brillen kann die „liebevolle" Lösung gesehen werden. Bei der begleitenden Moderation soll darauf geachtet werden, einen „moralisierenden Zeigefinger" zu vermeiden.

Auch wenn vielleicht jetzt einige Szenen relativ klar waren, so haben sie doch eines gemeinsam:
Ihr habt die Macht, euer Umfeld liebevoller werden zu lassen.
In vielen Situationen könnt ihr selbst entscheiden, wie ihr handeln wollt.
Wir geben euch nicht die rosarote Brille mit, sondern eine, die euch vielleicht dabei helfen kann, den Blick zu schärfen.
Nehmt die Brillen mit!
Vielleicht versucht ihr ja einfach einmal, in einem bestimmten Bereich eures Lebens genauer hinzuschauen, zu überlegen, wo ihr Liebe machen wollt.
Vielleicht lohnt es sich ja, genau hinzuschauen.
Wir haben auf unserer Homepage einen Bereich eingerichtet, wo ihr uns und euch gegenseitig erzählen könnt, wie es euch damit gegangen ist.
Würde uns wirklich interessieren, ob sich da für euch etwas verändert hat.
Für Jesus und durch Jesus hat sich viel verändert, weil er in den entscheidenden Momenten hingeschaut hat.

Lied: „What would Jesus do" (J. Killebrew)

Nach den anschließenden Verlautbarungen – technischen Hinweisen, Dank an RollenträgerInnen und Vorbereitungsteams, Einladung zu den nächsten Gottesdiensten, Dank an Sponsoren, Einladung zum Chill-Out vor der Kirche etc. – folgt der Abschluss des Gottesdienstes:

Schlussgebet

Vater, wir wissen, dass Du uns liebst.
Lass uns diese Liebe immer wieder spüren
Gib uns Menschen, die Deine Liebe in diese Welt bringen.
Herr, schenke allen Menschen, die in dieser Welt die Macht haben, über andere zu bestimmen, offene Augen und offene Ohren für die Sorgen der Menschen um sie.
Gib auch uns in den Situationen, wo wir wichtig für andere sein können, ein gutes Gespür und einen scharfen Blick dafür, wie wir dann liebevoll miteinander umgehen können.
Durch Christus, unseren Freund.
Amen.

Schlusssegen

Gott, der Vater, segne Dich,
er schenke Dir in Jesus seine Liebe,
damit Du aus der Kraft dieser Liebe als Kind Gottes leben kannst.
Amen.

Schlusslied: „Jeden Tag (Du, mein Gott, gibst mir Leben)“ (J. Houston)

4. Nachgefragt

4.1 Ist das alles „Liturgie"?

4.1.1 Was ist „Liturgie" in der Außenperspektive Suchender?

Die Frage, ob Feiern mit offenen Türen als Gottesdienste mit Gottsuchenden „Liturgie" sind oder „liturgische Inszenierungen" oder noch einmal anderes, stellen in der Regel nicht die Mitfeiernden, sondern die Träger des gottesdienstlichen Anlasses sowie gelegentlich Personen, die von diesen Feiern hören und womöglich darüber erschrecken, was im Namen und Raum der Kirche passiert. Wer sich auf dem Weg der Gottsuche ansprechen lässt, fragt nicht als erstes nach begrifflichen Klärungen, sondern nach dem lebendigen Gott und dem Zeugnis der Menschen für diesen Gott. Von Mitfeiernden kommen – wenn überhaupt – dann Aussagen wie die, dass sie „in der Kirche waren". Da diese Wendung auch sonst für den Gottesdienstbesuch verwendet wird, signalisieren Teilnehmende damit, dass sie selber den Anlass (implizit) als Gottesdienst oder Liturgie verstehen.

Die Erwartungen und das Erleben von Feiernden entsprechen in vielen Fällen einem soziologischen Liturgie-Begriff, wie er von Gebauer und Wulf formuliert wurde:

„Liturgien sind durch ihren Bezug zur Transzendenz gekennzeichnet;
sie sind nicht auf christliche Rituale begrenzt.
Sie nähern sich dem Heiligen eher in fragender Haltung
und öffnen sich ihm in ‚passiver Aktivität'.
Liturgien sind symbolische Handlungen von tiefer Rezeptivität
mit meditativen Riten und kontemplativen Übungen.
In ihnen erwarten die Teilnehmer etwas,
das sich ihnen von sich aus zeigt, über das sie keine Macht haben.
Liturgien repräsentieren das Heilige und suggerieren Sicherheit;
in ihnen werden existentielle Ereignisse vergegenwärtigt, aufgeführt, wiederholt und angeeignet. Unsichtbares wird sichtbar gemacht; dem Unvermeidbaren wird eine Form gegeben."[38]

[38] G. Gebauer, Ch. Wulf, *Spiel Ritual Geste. Mimetisches Handeln in der sozialen Welt* (rowohlts enzyklopädie). Reinbek 1998, 136 (dort ohne Gliederung in Zeilen).

Diese Kennzeichnung von Liturgie im Plural und ihre Ausweitung über „christliche Rituale“ hinaus ist mit katholischem Liturgieverständnis nicht identisch. Die Beschreibung der Haltung von Mitfeiernden und auch die Charakterisierung der Handlungen trifft aber ohne Zweifel auf viele der in dieser Arbeitshilfe thematisierten Feiern zu. Darin ist die Bestimmung von Gebauer und Wulf durchaus präzise und hilfreich. Aber sie reicht nicht, um Nähe wie Unterscheidung zur Liturgie im engeren, entscheidend vom II. Vatikanischen Konzil geprägten theologischen Verständnis genauer zu bestimmen.

Mögliche Selbstwahrnehmungen von Mitfeiernden oder ein so weiter Liturgiebegriff wie der von Gebauer/Wulf dispensieren deshalb die Träger einer Feier mit offenen Türen nicht von der Frage, wie sich das offene Angebot zur katholischen Liturgie verhält. Es geht an dieser Stelle der Arbeitshilfe also um eine Reflexion *ad intra* (für die Träger) und nicht *ad extra* (gegenüber den Adressaten) – ähnlich wie Karl Rahners Begriff des „anonymen Christen“ auch kein „Label“ für Menschen außerhalb der Kirche, sondern eine Vergewisserung ad intra war.

4.1.2 Katholisches Liturgieverständnis – anwendbar auf neue Feierformen?

Einen vollständigen Liturgiebegriff zu entwickeln ist im Rahmen dieser Arbeitshilfe weder sinnvoll noch notwendig. Drei zentrale Merkmale christlicher bzw. katholischer Liturgie können dabei helfen, Übereinstimmungen und Unterschiede zwischen offenen Feiern mit Gottsuchenden und Liturgie im engeren Sinn zu erkennen:

Liturgie ist Dialog zwischen Gott und den Menschen im Medium einer Feier.

In diesem Dialog spricht Gott zuerst. Es ist zunächst sein Dienst an den Menschen, dann aber auch die Antwort der Menschen auf sein Tun. Das Zuvorkommen des göttlichen Handelns gilt grundsätzlich, also auch für Feiern mit Gottsuchenden. Dabei kann sich der Dialog Gottes mit den Anwesenden z.B. durch die Verkündigung biblischer Schriften ereignen, im Segenshandeln oder durch die besondere Sprache der Musik.

Die Antwort des Menschen äußert sich in der kirchlichen Liturgie vor allem im Loben, Danken, Bitten und Bekennen, in das alle Feiernden einstimmen. Gottesdienste mit Gottsuchenden überlassen es dagegen grundsätzlich den Mitfeiernden, in welcher Weise und wie weit sie einstimmen. Das bedeutet nicht, dass in Feiern mit offenen Türen keine Antwort auf Gottes Handeln erfolgt! Aber es kann sein, dass diese Antwort nicht sichtbar oder hörbar ist, sondern im Innenraum der Person erfolgt. Feiern mit Gottsuchenden artikulieren die Antwort an Gott meist weniger explizit als die kirchliche Liturgie, aber sie wird doch nie ganz fehlen zum Beispiel als Glaubenszeugnis, Gebet, Fürbitte oder Gesang.

Liturgie ist Feier des Pascha-Mysteriums.

Das Pascha Christi ist der Überschritt vom Tod am Kreuz zum neuen Leben des Auferstandenen in der unauflöslichen göttlichen Gemeinschaft, in welche die ChristInnen durch Christus einmal mit der Taufe und je neu in jeder liturgischen Feier – insbesondere der Eucharistie – hineingenommen werden. Dieser Überschritt vom Tod zum Leben unterbricht, wie zuvor schon der befreiende Exodus Israels aus Ägypten, alle menschlichen Zwangssituationen durch die eschatologisch-unüberbietbare Lebenszusage Gottes.

Wenn die Gläubigen recht bereitet sind, wird ihnen nahezu jedes Ereignis ihres Lebens geheiligt durch die göttliche Gnade, die ausströmt vom Pascha-Mysterium des Leidens, des Todes und der Auferstehung Christi, aus dem alle Sakramente und Sakramentalien ihre Kraft ableiten.

Sacrosanctum Concilium Nr. 61

Offene Feierformen klammern Leid, Not, Unfreiheit etc. nicht aus, weil ChristInnen aus der vom Pascha-Mysterium Christi genährten Hoffnung leben und sich von daher den Schattenseiten menschlicher Existenz stellen können. Dass der Tod in Gestalt lebensfeindlicher Kräfte schon mitten im Leben zugegen ist, erleben viele Mitfeiernde.

Gott heute feiern heißt: Freigesprochen von der Herrschaft des Notwendigen das Wirkliche auf das Mögliche hin zu überschreiten.

Karl Heinrich Bieritz

Die befreiende Lebenszusage Gottes auch in offenen Feierformen und eine Unterbrechung schwer erträglicher Lebenssituationen zu erfahren, ist deshalb eine legitime Erwartung von allen Gott suchenden Menschen. Die Feier des Pascha-Mysteriums ist deshalb auch für Feiern mit Gottsuchenden die theologische Grundlage, und zwar unabhängig davon, wie ausdrücklich das ins Wort gebracht wird.[39]

---

[39] Auch die Feiern der Sakramente bringen das Pascha-Mysterium Christi unterschiedlich stark zu Wort, Taufe und Eucharistie z.B. stärker als die Trauung.

Die Liturgie ist Mitte und Höhepunkt kirchlichen Handelns und die eucharistische Liturgie das Zentrum im vielfältigen liturgischen Tun (Sacrosanctum Concilium Nr. 10, Lumen Gentium Nr. 11, Ad Gentes Nr. 9).

Subjekte kirchlichen Handelns sind getaufte und gefirmte ChristInnen in der Gemeinschaft des Volkes Gottes (oder mit einem anderen Bild, aber in der Sache gleich: in der Gemeinschaft des Leibes Christi). Das gilt auch für das liturgische Handeln, zu dem Menschen durch die Taufe ermächtigt, befähigt und gerufen sind. Es ist kein „privates" liturgisches Handeln, denn Liturgie hat grundsätzlich gemeinschaftlich-ekklesialen Charakter.

Die Liturgie hat eine universale Dimension, insofern sie als Antizipation der verheißenen Koinonia tendenziell alle Menschen einschließt. Dies äußert sich in der grundsätzlichen Offenheit, die zur Einladung an Fremde wird, an der Gemeinschaft zu partizipieren.

Ulrich Kuhnke

Die Liturgie – insbesondere die Eucharistie – ist nicht die einzige Form kirchlichen bzw. liturgischen Handelns, aber sie ist als Gedächtnis des Pascha-Mysteriums[40] die Quelle christlicher Existenz *(fons)*, die Mitte kirchlichen Lebens *(centrum)* und als vorweg genommene Erinnerung der letzten Zukunft der Höhepunkt *(culmen)* allen menschlichen Lebens.

Mitfeiernde GottsucherInnen können getauft (und gefirmt) sein, müssen es aber nicht. Sie versammeln sich *nicht* als kirchliche Gemeinschaft. Unter dieser Hinsicht sind Feiern mit offenen Türen also *nicht* als Liturgie zu bezeichnen.

Wenn die Liturgie die Mitte kirchlichen Handeln ist und die Kirche sich als „sacramentum mundi" realisiert (vgl. Lumen Gentium Nr. 1, 9, 48; Ad Gentes Nr. 5), sollten die in dieser Arbeitshilfe thematisierten Feiern grundsätzlich zum liturgischen Auftrag gezählt werden. Die Kirche macht sich hier zum „Anwalt der Sehnsucht".[41] Sie schenkt in Zeiten der Individualisierung bzw. des Rückzugs ins Private oder Familiäre Gemeinschaft zwischen Fremden. Sie lebt in den Feiern mit offenen Türen Gastfreundschaft.[42]

---

40 S. o., vgl. auch Enzyklika *Redemptor hominis* Nr. 20 (*Dokumente zur Erneuerung der Liturgie* Nr. 3677).

41 Vgl. M. Lätzel, *Den Fernen nahe sein* 125.

42 Vgl. dazu M. Lätzel, *Den Fernen nahe sein* 144-149; W. Haunerland, *Träger und Gäste*, in: Gd 34. 2000, 186f.

4.1.3 Eucharistie als Mitte eines Feldes unterschiedlicher Feiern

Ob und wie die in dieser Arbeitshilfe thematisierten Feiern Liturgie sind, lässt sich also nicht leicht beantworten. Das dürfte selbst dann so bleiben, wenn man weitere Merkmale von Liturgie mit denen offener Feierformen vergleicht. Deshalb wird im Folgenden ein anderer Weg beschritten.

Eine Lösung bietet sich an, wenn man vom Begriff Mitte oder Zentrum ausgeht. Die Eucharistie ist die Mitte liturgischen Handelns.[43] Mitte gibt es nicht ohne ein Feld um diese Mitte und eine Peripherie. Die Sakramente und Sakramentalien, Wortgottesdienste und Andachten ordnen sich der Eucharistie als Mitte unterschiedlich zu – unterschiedlich in der Nähe zum eucharistischen Geschehen, unterschiedlich in der Gewichtung von Wort der Verkündigung und Zeichenhandlung, unterschiedlich in der Berücksichtigung von allgemein-religiösen und subjektiv-biographischen Motiven u.a. Ob oder wo Feiern mit liturgisch Ungeübten in diesem Feld anzusiedeln sind, hängt von der jeweiligen Feier ab: Eine Segensfeier ist der Mitte näher als ein Literaturgottesdienst. Die Feier der Lebenswende in Erfurt hat eher präkatechumenalen Charakter und eine Jugendvigil eher liturgischen.

Ob dabei die Peripherie, also das, was kaum mehr als Liturgie oder Gottesdienst bezeichnet werden kann, bereits überschritten wird, hängt von verschiedenen Faktoren ab:

- Gibt es Elemente, die für Gottes Dienst an den Menschen stehen? Z.B. biblische Lesungen, Segen.
- Gibt es Elemente, die den Dienst der Menschen vor Gott zum Ausdruck bringen? Z.B. Gebete, Fürbitten, Bekenntnis im Sinne von Glaubenszeugnis, Gesang.
- Wird die befreiende, heilende, Gottesbeziehung stiftende Feier des Pascha-Mysteriums durch Wort- und Zeichenhandeln im Medium der Feier vollzogen? Z.B. durch rituelle Handlungssequenzen, Ansprache, Musik.
- Spielt die Dimension der Koinonia (zwischen Gott und den Menschen oder kirchliche Gemeinschaft) eine Rolle?
- Wie verstehen die Träger des Anlasses ihr Angebot und wie kommunizieren sie es (in der Werbung und in der Feier selber)?

[43] Vgl. *Dokumente zur Erneuerung der Liturgie* Nr. 528, 2568, 2967, 3677.

Die je unterschiedliche Nähe zum zentralen liturgischen Geschehen ist überdies kein neues, mit den offenen Feierformen erst entstehendes Phänomen.

- Brauchtums-Messen (Jodler-Messe, Fasnachtsgottesdienste etc.) sind vom Feiergehalt her mit der liturgischen Hochformen Messe identisch und sie sind in gewisser Weise doch offener und niederschwelliger als eine übliche Sonntagseucharistie.[44]
- Zu Andachten und Volksfrömmigkeit gehört seit jeher die Herkunft von der Liturgie oder die Anlehnung an sie mit einfacheren oder eingängigeren Ausdrucksformen (vgl. z.B. Angelus und Rosenkranzgebet mit der Tagzeitenliturgie).
- Wie die Feiern mit Gottsuchenden stehen Andachten dem religiösen Selbstausdruck der Mitfeiernden näher als die Eucharistiefeier.

Die Vermutung liegt nahe, dass offene Feierformen unter gewandelten gesellschaftlichen Bedingungen zum Teil an die Stelle der früher viel stärker verbreiteten Andachten getreten sind.

Contra:

Religiöse Feiern mit Kirchendistanzierten sind keine Liturgie. Diese Feiern nicht als Gottesdienste zu verstehen, schützt vor einer Beugung der Liturgie und der Preisgabe ihres Wesens wie auch vor der möglichen Vereinnahmung mitfeiernder Kirchendistanzierter.

Martin Lätzel

Wie das Verhältnis zwischen unterschiedlichen Gottesdiensten bestimmt werden soll, also ob besser eine Grenze zwischen Liturgie im engen Sinn einerseits und Andachten oder Volksfrömmigkeit sowie offenen Feiern mit Gottsuchenden andererseits gezogen werden soll oder ob liturgische Feiern insgesamt nicht besser als ein Feld um eine Mitte beschrieben werden, wurde in der Vergangenheit und wird in der Gegenwart innerhalb der Liturgiewissenschaft unterschiedlich beurteilt. Für das Modell des Feldes sprechen die oben (4.1.2) aufgeführten Gemeinsamkeiten zwischen Liturgie im engeren Sinn und Gottesdiensten mit Gottsuchenden. Für das Modell der Grenze sprechen die ebenso deutlichen Unterschiede zwischen diesen Feierformen.

Eine Präferenz für das Modell des Feldes und damit den inklusiven Gebrauch der Begriffe Liturgie und Gottesdienst ergibt sich, wenn man – neben dem

[44] Vgl. dazu A. Saberschinsky, *Liturgie und Leben. Anregungen zur Feier von Brauchtums- und Mundartmessen*, in: Gd 41. 2007, 188f.

starken theologischen Motiv der Verankerung aller (!) Feiern im Pascha-Mysterium – berücksichtigt:[45]

- dass viele Mitfeiernde oder sogar die Mehrheit getauft (und gefirmt), wenn auch möglicherweise nicht christlich sozialisiert sind (s. o. 1.2.1 und 1.2.5),
- dass die Träger der Feier und meist auch die Feierorte (Kirchenraum) Kirche repräsentieren (s. o. 1.3),
- dass viele neue Feierformen von der Liturgie (im engeren Sinn) herkommen oder sich daran direkt anlehnen (z.B. Aschermittwoch der Künstler, Segensgottesdienste für schwangere Frauen),
- dass Gottesdienste mit offenen Türen auch zur Annäherung an übliche pfarreiliche Gottesdienste und zur ersten Einübung in diese werden können,
- dass dieselben dramaturgischen und ästhetischen Qualitätskriterien für explizit liturgische wie offene Feierformen gelten (s. o. Teil 2 der Arbeitshilfe).

Contra:

Mir sind alle Konzepte von Niederschwelligkeit in der Sprache, in den Gesten, in den Bauten verdächtig. Die säkulare Gesellschaft braucht nicht die Anpassung der Kirchen, sondern ihre Fremdheit, ihre Besonderheit und ihre Klarheit. Die eigene Kenntlichkeit ist die Kirche einer unkenntlichen Gesellschaft schuldig.

Fulbert Steffensky

4.2 Einwände gegen neue Feierformen

Was neu ist oder den Anspruch erhebt, neu zu sein, ist selbstverständlich und notwendig der Kritik ausgesetzt. Auf einige typische Anfragen soll abschließend eine Antwort versucht werden.

4.2.1 Nur Event?

Feiern für Gottsuchende erscheinen aufgrund des enormen Aufwands, mit dem sie in vielen Fällen durchgeführt werden, als bombastischer Event, hinter dem christliche Inhalte und christliches Lebenszeugnis zu stark zurücktreten.

Die Träger des Feieranlasses entscheiden sich in der Regel aufgrund der Orientierung an den Adressaten bewusst für den Event-Charakter. Je nach Teil-

[45] Selbstverständlich geschieht das mit absoluter Achtung vor der kirchlichen Liturgie und ohne jeden Versuch einer Vereinnahmung der mitfeiernden, Gott suchenden Menschen!

nehmerkreis ist das auch sinnvoll. Die Vor- und Nachbereitenden müssen selbstverständlich immer wieder prüfen, ob die Option für die Mitfeiernden und die inhaltliche Substanz der Feier in einem vernünftigen Verhältnis zueinander stehen.

Viele Feiern mit Gottsuchenden haben jedoch keinen Eventcharakter: Weil biographische Situationen Zurückhaltung fordern, weil der Anlass häufiger wiederholt werden soll und deshalb schlichter sein muss etc.

4.2.2 Nur Ekstase und Emotion?

In Feiern für Gottsuchende wird oft Wert auf starke Erlebnisqualität gelegt, z.B. als ekstatisches Erleben im Kontext insbesondere von Rock- und Popmusik oder als starke Emotion im Umfeld des Todes. Ekstase und überbordende Emotionen widersprechen der liturgischen Tradition der Kirchen – und sie können für die Mitfeiernden gefährlich werden.

Ekstase und starke Emotionalität gehören anthropologisch gesehen zu Fest und Feier. Die liturgische Tradition spricht dagegen von „sobrie ebrietas", also nüchterner Trunkenheit. Auch in Feiern mit Gottsuchenden wird es jedoch Feierinhalte geben, die Anlass zu ekstatischen Hochgefühlen geben. Doch Ekstase ist nicht Selbstzweck, sondern muss sich zurückgebunden wissen an die christliche Botschaft.

In der Verantwortung für die Mitfeiernden ist außerdem immer darauf zu achten, dass der Grad an Emotionalität von diesen selbst reguliert werden kann. Dichte Atmosphäre darf nicht zur Freiheitsberaubung in Gestalt von Emotionsüberflutung führen. Ekstase und Emotion sollten deshalb immer mit einer guten Portion Nüchternheit gebändigt werden.[46]

4.2.3 Nur punktuelle Erfahrung ohne Nachhaltigkeit?

Feiern für Gottsuchende erscheinen aufgrund der Offenheit der Einladung und des längeren zeitlichen Abstands zwischen den Feiern (oder der Einmaligkeit!) als rein punktuelle Erfahrungen, die nicht in der Lage sind, Menschen auf dem Weg ihrer Gottsuche das zu geben, was diese erwarten oder was im Sinne einer (Wieder-)Annäherung an die Kirche(n) wünschenswert ist.

---

[46] Vgl. dazu auch K.-H. Bieritz, *In Techno Deo Gloria. Christlicher Gottesdienst vor den Herausforderungen zeitgenössischer Kultur*, in: *Heute Gott feiern. Liturgiefähigkeit des Menschen und Menschenfähigkeit der Liturgie*. Hg. von B. Kranemann, E. Nagel und E. Nübold. Freiburg u.a. 1999, 57–85.

Tatsächlich werden Feiern mit Gottsuchenden oft punktuelle Ereignisse bleiben. Die christliche ‚Normalbiographie' wird seltener, aber punktuelle Berührung mit dem Christentum, Kirche(n), Gottesdienst gibt es immer noch. Es wird darauf ankommen, dass diese Punkte zu starken Erfahrungen im Leben der Gottsuchenden werden. „Wir müssen also den Mut aufbringen zu einer ‚Rehabilitierung des religiösen Augenblicks' gerade bei Menschen, die sich vorerst kirchlich nicht binden wollen."[47] Die Intensität der Erfahrung wird zum entscheidenden Faktor der Nachhaltigkeit: Qualität geht vor Quantität.

Die Träger des Feieranlasses werden alles tun, um eine tiefe und nachhaltige Erfahrung zu ermöglichen. Dazu soll vor allem Teil 2 der Arbeitshilfe im Sinne einer Qualitätssicherung dienen. Aber hier gilt nicht anders als in urchristlicher Zeit: „Was ist denn Apollos? Und was ist Paulus? Ihr seid durch sie zum Glauben gekommen. Sie sind also Diener, jeder, wie der Herr es ihm gegeben hat: Ich habe gepflanzt, Apollos hat begossen, Gott aber ließ wachsen." (1 Kor 3,5f). Für die Nachhaltigkeit des Wachsens wird Gott selber sorgen – auf seine Art, die sich mit menschlichen Wünschen und Erwartungen nicht immer deckt.

4.2.4 Billiges Angebot und falsche Anpassung?

Feiern für Gottsuchende erscheinen aufgrund ihrer offenen Gestaltung und ihrer Orientierung an den Adressaten als Unterlaufen des christlichen Verkündigungsauftrags und als Anbiederung an die Mitfeiernden.

Der niederschwellige oder präkatechumenale Charakter von offenen Feierformen kann und darf nicht heißen, Schwellen inhaltlicher Art und damit Herausforderungen der christlichen Botschaft zu nivellieren. Die Feiern sollten vielmehr zum Medium werden, mit dem die eine oder andere Schwelle überwunden werden kann durch ein neues oder tieferes Verstehen der Wirklichkeit Gottes, wie sie auch in der christlichen Liturgie aufscheint. Sie geht also keineswegs um ein „Wir feiern uns" – es geht um Gott. Alles andere dürfte auch an den Sehnsüchten und Fragen der Mitfeiernden vorbeilaufen.

---

[47] K. Schlemmer, *Ausverkauf unserer Gottesdienste? Versuch einer Fokussierung als Einführung*, in: *Ausverkauf unserer Gottesdienste? Ökumenische Überlegungen zur Gestalt von Liturgie und zu alternativer Pastoral.* Hg. von K. Schlemmer. Würzburg 2002, 9–18, hier: 17 (Studien zur Theologie und Praxis der Seelsorge 50).

Der Verkündigungsauftrag wird nicht dadurch unterlaufen, dass in einer Feier nicht alle Inhalte gleichzeitig und vollständig zum Thema werden – das ist kaum möglich. Die Grenzen der Orientierung an den Adressaten sind dann erreicht, wenn das christliche Zeugnis (Bibel, geistliche Tradition oder Lebenszeugnis etc.) fehlt und wenn die Qualitätsstandards einer Feier unterlaufen werden.

4.2.5 Offene Türen führen nicht automatisch zur Mitte christlicher Liturgie!

Neue Feiern führen nicht von selbst zu mehr und verständiger Mitfeiernden bei der Eucharistie und anderen sakramentalen Feiern.

Dem ist zuzustimmen! Diese Feiern haben den Charakter einer sehr offenen Einladung. Welcher Weg sich ergibt, wenn jemand die Einladung annimmt, kann nicht durch die Feier vorhergesagt oder vorherbestimmt werden. Feiern mit offenen Türen sind nur ein kleiner Teil in einem sehr komplexen Umfeld. Wenn es um die Hinführung zur Liturgie geht, sind selbstverständlich weitere Schritte liturgischer Bildung notwendig! Feiern mit Gottsuchenden können aber auf ihre Weise zur liturgischen Bildung beitragen, z.B. als Hinführung zum Wort „Gott“, als Einübung ins Gebet, als Beheimatung im Kirchenraum und anderes.

Es gibt Beispiele dafür, dass Feiern mit offenen Türen schließlich Menschen erstmals oder wieder zur Eucharistie führen. Deshalb sollte man auch nicht zu wenig erwarten. Sie dürfen jedoch nicht dafür verzweckt werden. Die Mitfeiernden dürfen nicht pädagogisch vereinnahmt werden. Absichtslosigkeit und Charme vermögen oft mehr als direktes Wollen – oder noch einmal: „Mission heißt, zeigen, was man liebt.“

5. Literatur

Es wurden auch Titel aufgenommen, die vergriffen sind, da sie oft über Antiquariate (auch im Internet) oder Bibliotheken zugänglich sind.

5.1 Bibelausgaben mit literarischem Anspruch

Hebräische Bibel

- *Die Schrift.* Aus dem Hebräischen verdeutscht von Martin Buber gemeinsam mit Franz Rosenzweig. 4 Bände. Taschenbuchausgabe Stuttgart 1992.

Psalmen

- Hanns Dieter Hüsch und Uwe Seidel, *Ich stehe unter Gottes Schutz. Psalmen für Alletage.* Düsseldorf ^{2}1997. 159 S. – Psalmübertragungen und Psalmmeditationen. Ein neu gedichteter Psalm für jeden Monat. Hilfreich: thematisches Stichwortverzeichnis.
- Arnold Stadler, *„Die Menschen lügen. Alle". Und andere Psalmen.* Aus dem Hebräischen übertragen und mit einem Nachwort versehen. Frankfurt a.M.-Leipzig ^{4}1999. – 52 Psalmen in kräftiger Sprache.
- Fridolin Stier, *Mit Psalmen beten.* Hg. von Eleonore Beck. Stuttgart 2001. – Übersetzungen von 49 Psalmen mit kurzen, verdichteten Texten von F. Stier.

Neues Testament

- *Das Neue Testament.* Übersetzt von Fridolin Stier. Aus dem Nachlaß hg. von Eleonore Beck, Gabriele Miller und Eugen Sitarz. München-Düsseldorf 1989.
- Walter Jens, *Die vier Evangelien: Matthäus, Markus, Lukas, Johannes.* Taschenbuchausgabe Stuttgart 2003; ders., *Der Römerbrief.* Stuttgart 2000; ders., *Das A und O: Die Offenbarung des Johannes.* Stuttgart 2000.

5.2 Literarische und andere Texte

Sammelbände

- *Der andere Jesus. Ein Lesebuch moderner literarischer Texte.* Hg. von Karl-Josef Kuschel. München-Zürich ²1991. 413 S. – Gliederung: A. Jesus – Die grosse Bezugsgestalt. I. Wider die religiöse Sprachsklerose. II. Die kritische Instanz. III. Solidarität im Leid. IV. Für Menschwerdung und Christwerdung. V. Die bleibende Hoffnung. VI. Die Sehnsucht nach einem ganz anderen Leben. VII. Spiegelfiguren: Pilatus und Judas. VIII. Der arme Bruder und der Bruder der Armen. IX. Der Revolutionär und die verratene Revolution. X. Unter Narren und Irren. B. Krippe, Galgen und ein Anfang. I. Weihnachten. II. Passion und Kreuz. III. Ostern und Auferstehung. C. Jesus – Neuentdeckungen und Wiederbelebungsversuche. I. Annäherungen aus dem Jüdischen. II. Neue Annäherungen aus dem Christlichen.
- *Geistliche Gedichte. Eine Anthologie deutscher religiöser Lyrik von den Anfängen bis zur Gegenwart.* Hg. von Hans-Rüdiger Schwab. Frankfurt a.M. ¹1983. 412 S. (ohne Nachwort und Nachweise 320 S.).
- *Gott im Gedicht. Eine Anthologie zur deutschsprachigen Lyrik von 1945 bis heute.* Hg. u. eingel. von Helmut Zwanger. Tübingen 2007. 376 S. – Gliederung: Einführung: Gottesaufbrüche. Deutschsprachige Lyrik von 1945 bis heute. 1. Teil: Sprache auf dem endlosen Weg. 2. Teil: Die Wirklichkeit ist nicht die Wahrheit. 3. Teil: Interpretationen interpretieren (Abkehr – Offene Suche – Übermalungen – Bildhorizonte – Unabgegolten).
- *Hiobs Schrei in die Gegenwart. Ein literarisches Lesebuch zur Frage nach Gott im Leid.* Hg. von Georg Langenhorst. Mainz 1995 (Religion und Ästhetik). 231 S.
- *Höre Gott! Psalmen des Jahrhunderts.* Hg. von Paul Konrad Kurz. Zürich-Düsseldorf 1997. 287 S. – Sammlung von Gedichten. 2 Teile: Von der Jahrhundertwende bis 1950, von der Jahrhundertmitte bis 1997. Nachwort: Deutsche Psalmrede im 20. Jahrhundert.
- *Im Brennglas der Worte. Zeitgenössische Lyrik als Element der Liturgie.* Hg. von Erhard Domay und Vera-Sabine Winkler. Gütersloh 2002. 143 S. – Die Verfasser plädieren für die Verwendung von zeitgenössischen Gedichten als Elementen der Liturgie. Die Gedichte sind sowohl kirchenjahreszeitlichen Kontexten wie Orten in der Liturgie zugeordnet. Zum Teil sind Vorschläge für eine Inszenierung hinzugefügt.

- Georg Langenhorst, *Gedichte zur Gottesfrage. Texte – Interpretationen – Methoden. Ein Werkbuch für Schule und Gemeinde.* München 2003. 246 S.

Zeit mit Gott: Gebete und Meditationen

- Bischof Franz-Josef Bode, *Zeit mit Gott. Ein Stundenbuch.* Unter Mitarbeit von Christoph Baumgart u.a. 2 Bd.e, Stuttgart 2005 (Band 1) und 2008 (Band 2) – Gebet- und Meditationsbuch. Für jeden Tag ein Text zum Nachdenken. Enthält auch Hymnen und Gebete in moderner Sprache.

Segensgebete

- Michael Blum und Hanns Dieter Hüsch, *Das kleine Buch zum Segen.* Düsseldorf [3]1999. 48 S. – Unkonventionelle Segenswünsche des Kabarettisten Hüsch; entstanden für die evangl. Johanneskirche in Köln-Klettenberg.
- *Gesegneter Weg. Segenstexte und Segensgesten.* Hg. von Martin Schmeisser. Eschbach/Markgräflerland [2]2002. 144 S. – Gliederung: Segen – entdeckt in Bildern von Marc Chagall. Lebensbeginn. Lebensformen. Lebensrhythmen. Lebenskrisen. Lebensende.
- *Gesegnet sollst du sein. Segensgebete für Seelsorge und Gottesdienst.* Hg. von Georg Schwikart. Freiburg Br. 2008.
- Herbert Jung, *Gesegnet sollst du sein. Segensgebete für Seelsorge und Gottesdienst.* Freiburg Br. 2001.

Poetische Dogmatik

- Alex Stock, *Poetische Dogmatik.* Paderborn 1995ff. – Der Verfasser verwendet als Quellen seiner Dogmatik Werke der bildenden Kunst (auch der zeitgenössischen), der Dichtung (Texte!), der Liturgie, des Kirchenlieds u.a. Seine höchst anregenden Auslegungen gewähren einen anderen, neuen Blick auf den christlichen Glauben. Bände: Christologie: 1. Namen (1995), 2. Schrift und Gesicht (1996), 3. Leib und Leben (1998), 4. Figuren (2001). Gotteslehre: 1. Orte (2004), 2. Namen (2005), 3. Bilder (2007).

Silja Walter

- *Gesamtausgabe. Bd. 1–10.* Redaktion Ulrike Wolitz. Fribourg 1999–2005.

5.3 Modelle und Berichte von Feiern

BiLi = Bibel und Liturgie
Gd = Gottesdienst. Zeitschrift der liturgischen Institute Deutschlands, Österreichs und der Schweiz.

Modellbücher

- Johann Hinrich Claussen, Thies Gundlach, Peter Stolt, *Den Himmel auf die Erde holen. Literatur-Gottesdienste.* Stuttgart 2001. 175 S. – Einleitung und 12 vollständige Literaturgottesdienste.
- *Eine Zeit zum Suchen. Neue Gottesdienstformen.* Hg. von Christiane Bundschuh-Schramm, Judith Gaab, Margret Schäfer-Krebs. Ostfildern 2003. 304 S. – Einführender Beitrag zur Milieutheorie von Wolfgang Fischer. 15 Gottesdienste. Liste der verschiedenen Gottesdienste mit Terminen, Adressen und Logo der Veranstaltung. Literaturliste.
- Reinhard Hauke, *Herzlich eingeladen zum Fest des Glaubens ... Projekte für Christen und Nicht-Christen.* Leipzig 2009. 101 S. – Zu den in Erfurt entstandenen Feiern.
- *Impulsbuch offener Gottesdienst. Material für Gottesdienste mit Kirchendistanzierten.* Hg. von Jürgen Mette. Wuppertal 1998. 224 S.
- *Räume öffnen. Gottesdienste feiern mit kirchlich Distanzierten. Ein Werkstattbuch.* Hg. von Martin Lätzel. Regensburg 2005. 155 S. – Einführender Beitrag von Lätzel zu Gottesdiensten mit Kirchenfernen. 12 Berichte: Modelle, Erfahrungen, Anregungen.
- Siegfried Zimmer und Georg Schützler, *Nachteulen-Gottesdienste. Spirituelle Angebote für Kirchenferne.* Stuttgart 2001. 173 S. – Gottesdienste in der Ludwigsburger Friedenskirche sei 1996 mit durchschnittlich 1000 Teilnehmenden. Dokumentiert werden 6 Feiern. Zu fast allen gehört ein Vortrag.

Anatomie

- Gunda Schneider-Flume, *Überlegungen zur Gedenkfeier für die Verstorbenen der Anatomie in Leipzig*, in: *Liturgie mit offenen Türen* (s. u. 5.4) 153–163.
- Gerhard Wastl, *Ein heilsames Geschehen. Eine Toten-Gedenkfeier in der Anatomie*, in: Gd 39. 2005, 45. (Eine ausführlichere Fassung dieses Beitrags ist abgedruckt unter 3.2).

Aschermittwoch der Künste/der Künstler

- Martin Lätzel, *Der erste Aschermittwoch der Künste in Hamburg*, in: Pastoralblatt für die Diözesen Aachen, Berlin, Essen, Hildesheim, Köln, Osnabrück 58. 2006, 84–89.
- Die ungleichen Brüder. *Künstlerreden und Predigten zum Aschermittwoch von 1986 bis 2004.* Hg. von Georg Maria Roers. München 2005.

Geistliche Kirchenführung

- Hermann Geyer, *„Sprechende Räume"? Fragmente einer ‚Theologie' des Kirchenraumes*, in: *Kirchen–Raum–Pädagogik.* Hg. von Sigrid Glockzin-Beyer und Horst Schwebel. Münster 2002, 31-98, hier 79–88 (Ästhetik – Theologie – Liturgik Bd. 12). – Eindrückliches Beispiel für eine meditative Kirchenraumerschließung mit dem Dreiklang von Raum (St. Sebald Nürnberg), Choral (Claudius: Der Mond ist aufgegangen) und Lyrik (Rose Ausländer).
- Hans-Michael Schneider, *Orte als Katechese. Beispiel einer Geistlichen Kirchenführung, zusammengestellt für die Nacht der offenen Kirchen im Bistum Rottenburg-Stuttgart am 26.09.2003*, in: Gd 38. 2004, 121–124.
- Heinrich Weyers, *Raum und Orgelklang. Kirchenführung als geistliches Ergänzungsangebot zum Weihnachtsmarkt*, in: Gd 41. 2007, 148f.

Jugendgottesdienste

- Linus Brändle, *Nacht der Lichter. Eine Gebetsnacht in St. Gallen*, in: Gd 41. 2007, 52f.
- Gregor Jansen, Stephan Bazalka, Florian Unterberger, *Bunt, laut und fromm. Kriterien gelingender Jugendgottesdienstpraxis in Wien*, in: BiLi 81. 2008, 211–215.
- Bruno Rieder, *Liturgie und Event – ein Widerspruch? Erfahrungen aus der Disentiser Jugendvigil*, in: Gd 41. 2007, 84f.
- Thomas Schaufelberger, *Sofa-Gottesdienst in Stäfa – Ein Gottesdienst zum Platznehmen*, in: Ralph Kunz, *Der neue Gottesdienst. Ein Plädoyer für den liturgischen Wildwuchs*. Zürich 2006, 191–203.

- Vgl. auch: *Liturgie ist jugendgemäß, wenn ...* Hg. vom Erzbischöflichen Jugendamt München und Freising durch Diözesanjugendpfarrer Klaus Hofstetter. Materialien Nr. 140. München 2008.

Katastrophenfälle

- Willi Anderau, Martin Peier, *Nach Katastrophen. Hinweise zu Gottesdiensten bei außergewöhnlichen Ereignissen*, in: Gd 37. 2003, 36f.
- Josef Sarbach, *Beispiel Gondo. Zur Pastoral und Liturgie im Zusammenhang mit Katastrophen*, in: Gd 37. 2003, 89–91.
- Vgl. auch: *Die kirchliche Begräbnisfeier in den Bistümern des deutschen Sprachgebietes.* 2. auth. Ausgabe auf der Grundlage der Editio typica 1969. Freiburg Br. u.a. 2009. – Anhang 2: Liturgische Feiern nach Großschadensereignissen und Katastrophen 341–346.

Literatur/Lyrik/Oper

- Gunda Brüske, *„Offene Tore in Herz Jesu" – Spirituelle Impulse eines niederschwelligen Gottesdienstes. Ein Werkstatt-Bericht,* in: *Liturgie und Spiritualität.* Hg. von Winfried Haunerland, Alexander Saberschinsky, Hans-Gerd Wirtz. Trier 2004, 131–138.
- Johanna Haberer, *Wenn die Oper in die Kirche kommt – Operngottesdienste,* in: *Ausverkauf unserer Gottesdienste?* (s. u. 5.4) 142–153.
- Günter Ruddat, *Wohin denn wir – Missa Poetica. Dokumentation einer neuen Gottesdienstform*, in: *Herausforderung: missionarischer Gottesdienst* (s. u. 5.4) 57–75. – Vorstellung der Feier und weitere Literatur.
- Hans Späth, *Offene Tore in Herz Jesu*, in: BiLi 81. 2008, 206–210.
- Vgl. auch bei Modellbücher: Claussen.

Nächtliche Gottesdienste

- Ansgar Franz, *Klage als Ernstfall des Betens. Zur Vigilfeier „Hoffnung wider alle Hoffnung. Hiobs Botschaften" des 93. Katholikentages in Mainz 1998*, in: *Beten: Sprache des Glaubens – Seele des Gottesdienstes. Fundamentaltheologische und liturgiewissenschaftliche Aspekte.* Hg. von Ulrich Willers. Tübingen-Basel 2000, 435–475 (PiLi 15).

- Werner Gross, *Weil Gott mit uns ist. Eine Nacht der offenen Kirchen in der Diözese Rottenburg-Stuttgart*, in: Gd 38. 2004, 113–115.
- Vgl. auch: Zimmer bei Modellbücher; Geyer bei Geistliche Kirchenführung; Jugendgottesdienste.

Segens- und Heilungsgottesdienste

- Reinhard Hauke, *Kosmas- und Damiangottesdienst. Segnungsgottesdienste für Kranke und ihre Helfer*, in: Gd 41. 2007, 13.
- Reinhard Hauke, *Die Segnung von Heiden. Auf der Suche nach neuen Segen zwischen Kirche und Ungetauften*, in: *Leben braucht Segen. Segensfeiern.* Hg. von Hans Bauernfeind und Richard Geier. Freiburg Br. u.a. 2002, 80–88.
- Pia Maria Hirsiger, *Salbung der Wunden. Ein Heilungsgottesdienst,* in: Gd 41. 2007, 92f.
- Siehe auch: Valentinstag.

Thomasmesse

- Tilmann Haberer, *Die Thomasmesse. Ein Gottesdienst für Ungläubige, Zweifler und andere gute Christen.* München 2000.
- Klaus Kasch, *Thomas-Messe*, in: *Heute Gott feiern* (s. u. 5.4) 207–213.

Totengedächtnis

- Reinhard Hauke, *Der Trauer einen Ort geben. Monatliches Totengedenken im Erfurter Dom*, in: Gd 36. 2002, 68.
- Claudia A. Huber, *„Das Leben wieder leise lernen“. Zur Offenburger Pastoral mit Menschen, die durch Tot- und Fehlgeburten betroffen sind*, in: Gd 38. 2004, 117–119.
- Andreas Odenthal, *Intensiv und hilfreich. Ein Gottesdienst mit Eltern totgeborener Kinder*, in: Gd 34. 2000, 16.
- *Wenn der Tod am Anfang steht. Eltern trauern um ihr totes neugeborenes Kind – Hinweise zur Begleitung, Seelsorge und Beratung.* Neufassung der

Arbeitshilfen 109 (1993). 3. Juni 2005. Hg. vom Sekretariat der Deutschen Bischofskonferenz (Arbeitshilfen 174). – Teil 2: Anregungen zum persönlichen Gebet und zu liturgischen Feiern S. 38–65.

Valentinstag

- Guido Fuchs, *Gottesdienst oder Kitsch? Segnungsfeiern am Valentinstag*, in: Gd 39. 2005, 185–187.
- Reinhard Hauke, *Eine Einladung. Segnungsgottesdienst für alle, die partnerschaftlich unterwegs sind*, in: Gd 34. 2000, 52f.
- Reinhard Hauke, *Segnungsfeier für Liebende. Ein Erfahrungsbericht über zwei ökumenische Feiern am Valentinstag (14. Februar) in Erfurt,* in: *Leben braucht Segen. Segensfeiern.* Hg. von Hans Bauernfeind und Richard Geier. Freiburg Br. u.a. 2002, 89–100.
- Bianka Piontek, *Valentinstag in Erfurt. Ein Heiliger kehrt zurück in die Kirche ...*, in: *Liturgie mit offenen Türen* (s. u. 5.4) 165–170.
- *Orientierungen für die Gestaltung von „Segensfeiern am Valentinstag". Erarbeitet von der Familienkommission und approbiert von der Österreichischen Bischofskonferenz.* Abdruck in: Gd 39. 2005, 190; download: www.bischofskonferenz.at (unter: Dokumente).

Weihnachtsmarkt/Weihnachtslob/Christmette

- Reinhard Hauke, *Das „Nächtliche Weihnachtslob" im Erfurter Dom,* in: *Heute Gott feiern* (s. u. 5.4) 214–218.
- Günter Ruddat, *Kleiner Mensch – großes Licht. Eine Christmette mit Texten von H. D. Hüsch am 24. Dezember 2005 in der evangelischen Kirche Eppendorf, Bochum,* in: *„Wir haben doch alle denselben Gott". Eintracht, Zwietracht und Vielfalt der Religionen. FS Friedrich Huber.* Hg. von Sören Asmus und Manfred Schulze. Neukirchen-Vluyn 2006, 270–286 (Veröffentlichungen der Kirchlichen Hochschule Wuppertal NF 8).
- Joachim Wanke, *Weihnachtslob für Ungläubige? Ein liturgisches Experiment im Erfurter Dom am 24.12.1988*, in: Gd 23. 1989, 145–147.
- Heinrich Weyers, *„Suchet der Stadt Bestes ...". Gottesdienste zur Eröffnung von Weihnachtsmärkten*, in: Gd 40. 2006, 172f. Siehe auch Weyers, bei: Geistliche Kirchenführung.

Weitere

- Konstantia Auer, *Feier-Abend. „Die Botschaft der hl. Notburga" – ein alternativer Gottesdienst*, in: Gd 39. 2005, 128f.
- Wolfgang Fischer, *Durchquerte Wege. Ein alternativer Stadtrundgang am Karfreitag*, in: praxis gottesdienst Heft 2/2007, 5.
- Bärbel Grote, Stephan Winter, *„Getrennt, und dann …". Ein Gottesdienst für allein Erziehende, getrennt Lebende, Geschiedene und Menschen in ihrer Nähe*, in: Gd 39. 2005, 109.
- Werner Kleine, *Dem Menschen anvertraut. Tiersegnungsgottesdienst am 4. Oktober*, in: Liturgie für Wochentage und besondere Anlässe Heft 3/2008, 30f. – Erprobte Feier der Citykirche Wuppertal.
- Hans-Heinz Riepe, Stadtgebet. *Ermutigung zu einer neuen Gebetsform.* Limburg 1998; ders., *Stadtgebet. Erfahrungen mit einer neuen Gottesdienstform*, in: Gd 32. 1998, 113–115. – Nicht unbedingt niederschwellig, aber eine neue offen-öffentliche Gebetsform.
- Christian Weyer, *Gott hat Sehnsucht … Versuche mit neuen Gottesdienstformen für Kirchendistanzierte,* in: Gd 35. 2001, 102f. – Vorstellung des von Willow Creek entwickelten Gottesdienst-Modells und Beispiel einer Anpassung durch den evangl. Pfarrer von Saarbrücken-Eschberg. (Vgl. auch ein F. Vogt unter 5.4).
- Stephan Winter, *„…für Menschen, die sich von der Kirche enttäuscht fühlen". Ein Gottesdienst auf dem Katholikentag 2008*, in: Gd 43. 2009, 104f.

5.4 Sekundärliteratur

- *Ausverkauf unserer Gottesdienste? Ökumenische Überlegungen zur Gestalt von Liturgie und zu alternativer Pastoral.* Hg. von Karl Schlemmer. Würzburg 2002 (Studien zur Theologie und Praxis der Seelsorge 50).
- Michael N. Ebertz, *Diakonische Riten – Riten bei Gelegenheit*, in: *Auf der Suche nach dem Menschen von heute. Vorüberlegungen für alternative Seelsorge und Feierformen.* Hg. von Karl Schlemmer. St. Ottilien 1999, 120–137.
- *Feiern auf dem Weg zur Liturgie: Gottesdienst für Ungeübte.* Themenheft der Zeitschrift Bibel und Liturgie: Heft 3/2008. – Grundsatzbeiträge und Berichte aus der Praxis. Lesenswert.

- Guido Fuchs, *Wochenende und Gottesdienst. Zwischen kirchlicher Tradition und heutigem Zeiterleben.* Regensburg 2008 (Liturgie & Alltag).
- Ottmar Fuchs, *Kirchendistanzierung – ein zwiespältiges Phänomen mit Konsequenzen*, in: *Handbuch der praktischen Gemeindearbeit.* Hg. von Leo Karrer. Freiburg Br. u.a. 1990, 88–111.
- Winfried Haunerland, *„Präkatechumenale Feiern" als „Niederschwellige Angebote"*, in: *Gottesdienst der Kirche. Handbuch der Liturgiewissenschaft.* Bd 2,2: *Theologie des Gottesdienstes.* Hg. von Martin Klöckener u.a. Regensburg 2008, 67f.
- Winfried Haunerland, *Träger und Gäste. Zu unterschiedlichen Rollen von unterschiedlichen Mitfeiernden*, in: Gd 34. 2000, 185–187.
- *Herausforderung: missionarischer Gottesdienst. Liturgie kommt zur Welt.* FS Wolfgang Ratzmann. Hg. von Johannes Block und Irene Mildenberger. Leipzig 2007 (Beiträge zu Liturgie und Spiritualität 19).
- *Heute Gott feiern. Liturgiefähigkeit des Menschen und Menschenfähigkeit der Liturgie.* Hg. von Benedikt Kranemann, Eduard Nagel und Elmar Nübold. Freiburg u.a. 1999. – Hier besonders Michael N. Ebertz, Einseitige und zweiseitige liturgische Handlungen – Gottes-Dienst in der entfalteten Moderne 14–38; Karl-Heinrich Bieritz, In Techno Deo Gloria – Christlicher Gottesdienst vor den Herausforderungen zeitgenössischer Kultur 57–85; Roland B. Dietz, Riten und Rituale in säkularer Gesellschaft 93–99.
- *Hinaus ins Weite. Gehversuche einer milieusensiblen Kirche.* Hg. von Michael N. Ebertz und Hans G. Hunstig. Würzburg 2008.
- Michael Hochschild, *Funktionswandel christlicher Rituale?*, in: *Rituelle Experimente. Gottesdienst – mitten im Leben?* Hg. von Herbert Poensgen. Wattrop 2000, 12–37 (Veröffentlichungen des TPI 2).
- Hans-Joachim Höhn, *Flüchtige Bekannte?! Thesen zur „Passantenpastoral"*, in: Lebendige Seelsorge 51. 2000, 229–233.
- Martin Lätzel, *Den Fernen nahe sein. Religiöse Feiern mit Kirchendistanzierten.* Regensburg 2004. – Diss., bisher die einzige Monographie zum Thema. Drei Hauptteile: I. Die Kennzeichen heutiger Gesellschaft, II. Theologische Grundlagen, III. Handlungsansätze, dann Zusammenfassung. Die empirische Basis der Studie, also die Berücksichtigung von diversen neuen Feierformen, ist noch relativ gering, die theoretische Auseinandersetzung überwiegt. Lesenswert.

- *Liturgie mit offenen Türen. Gottesdienst auf der Schwelle zwischen Kirche und Gesellschaft.* Hg. von Irene Mildenberger u. Wolfgang Ratzmann. Leipzig 2005 (Beiträge zu Liturgie und Spiritualität 13). – Lesenswert z.B.: Lutz Friedrichs, Dem Unbegreiflichen Sprache geben. Zivilreligiöse Kasualgottesdienste als Herausforderung an Kirchen heute 139-152.
- *Liturgie und Leben. Gottesdienst als Lebenshilfe.* Download: http://www.zh.kath.ch/zukunft/arbeitshilfen/download-arbeitshilfe-exuperantius-i/file – Dokumentation eines Studientags am 11.9.2008 in Zürich mit Prof. Dr. Karl Schlemmer (Grundsatzbeitrag) und WB Dr. Reinhard Hauke (diverse Beispiele für Feiern).
- Ingrid Lukatis, *Worum wir uns bemühen sollten. Überlegungen aus soziologischer Sicht zur Gestaltung von Gottesdiensten*, in: Gd 33. 1999, 73–75.
- *Die missionarische Dimension der Liturgie. Gott feiern in nachchristlicher Gesellschaft.* Bd. 1. Hg. von Benedikt Kranemann, Klemens Richter und Franz-Peter Tebartz-van Elst. Stuttgart 1998 (Gottes Volk Sonderband). – Unter anderem: Albert Gerhards, Menschwerden durch Gottesdienst? 20-31, Karl-Heinrich Bieritz, Erlebnis Gottesdienst 32–44.
- *Musik im Kirchenraum außerhalb der Liturgie.* 1. Juli 2005. Hg. vom Sekretariat der Deutschen Bischofskonferenz. Bonn 2005 (Arbeitshilfen 194).
- Regina Postner, *Gottes Segen feiern in Zeiten von Lebenskrisen. Ökumenische Perspektiven.* Diss. Münster 2007.
- Wolfgang Ratzmann, *Missionarische Liturgie? Überlegungen zu einem umstrittenen Phänomen*, in: Jahrbuch für Liturgik und Hymnologie 42. 2003, 49–63.
- Karl Schlemmer, *Gottesdienst feiern in einer postmodernen säkularisierten Gesellschaft, in: Liturgie und Lebenswelt. Studien zur Gottesdienst- und Frömmigkeitsgeschichte zwischen Tridentinum und Vatikanum II.* FS. Andreas Heinz. Hg. von Jürgen Bärsch und Bernhard Schneider. Münster 2006, 531–542 (LQF 95).
- Christian Schwark, *Gottesdienste für Kirchendistanzierte. Konzepte und Perspektiven.* Wuppertal 2006 (Systematische Monographien Bd. 17).

- Michael Sievernich, *Ernüchternd. Liturgie und Ritual in der heutigen Gesellschaft*, in: Gd 35. 2001, 41–43.
- Fabian Vogt, *GoSpecial – ein „etwas anderer" Gottesdienst. Die Kunst, für Kirchendistanzierte zu predigen*, in: *Sonntäglich. Zugänge zum Verständnis von Sonntag, Sonntagskultur und Sonntagspredigt. FS Ludwig Mödl*. Hg. von Ursula Roth, Heinz-Günther Schöttler, Gerhard Ulrich. München 2003, 324–339 (Ökumenische Studien zur Predigt 4).
- *„Zeit zur Aussaat". Missionarisch Kirche sein*. Die deutschen Bischöfe. 26. November 2000. Hg. vom Sekretariat der Deutschen Bischofskonferenz. Bonn 2000 (Hirtenschreiben und Erklärungen Nr. 68.

5.5 Textnachweise der Kästchen

1.1.1 Joachim Wanke, in: „Zeit zur Aussaat“. Missionarisch Kirche sein. Die deutschen Bischöfe. 26. November 2000. Hg. vom Sekretariat der Deutschen Bischofskonferenz. Bonn 2000 (Hirtenschreiben und Erklärungen Nr. 68) 41.

1.1.2 Anselm Burr, Liturgie in der City-Kirche Offener St. Jakob, in: BiLi 81. 2008, 205.

1.1.3 Ulrich Willers, zit. nach M. Lätzel, Den Fernen nahe sein. Religiöse Feiern mit Kirchendistanzierten. Regensburg 2004, 148.

1.2.1 Michael N. Ebertz, Diakonische Riten – Riten bei Gelegenheit, in: Auf der Suche nach dem Menschen von heute. Vorüberlegungen für alternative Seelsorge und Feierformen. Hg. von K. Schlemmer. St. Ottilien 1999, 130.

1.2.2 Nostra Aetate Nr. 1.

1.2.4 Margarethe Mehren, „An der Grenze zum Wortlosen“. Borchen ^{2}2007, 89 (Copyright bei Verlag Ch. Möllmann. Schloss Hamborn 94, D-33178 Borchen). – Das Gedicht war abgedruckt auf einer Einladung zum „Abendlichen Ausklang in der Stille“ in der kath. Kirche Riethüsli CH, fand also Verwendung für eine offene Feierform.

1.2.5 Hans-Joachim Höhn, Flüchtige Bekannte?! Thesen zur „Passantenpastoral“, in: Lebendige Seelsorge 51. 2000, 230.

1.2.6 Bärbel Grote/Stephan Winter, „Getrennt, und dann …“. Ein Gottesdienst für allein Erziehende, getrennt Lebende, Geschiedene und Menschen in ihrer Nähe, in: Gd 39. 2005, 109.

1.3 Winfried Haunerland, in: GdK 2,2. 2008, 68.

1.4.2 Ankündigung der Offenen Kirche St. Klara in Nürnberg, Programmheft für September bis Dezember 2008.

2. Redaktion der Arbeitshilfe.

2.2.3 Clemens Bittlinger, Fabian Vogt, zit. nach M. Lätzel, Den Fernen nahe sein (s. o. bei 1.1.3) 74.

2.2.4 Anselm Burr (s. o. bei 1.1.2) 205.

2.3 Liturgie ist jugendgemäß, wenn … Hg. vom Erzbischöflichen Jugendamt München und Freising durch Diözesanjugendpfarrer Klaus Hofstetter. Materialien Nr. 140. München 2008, 12.

2.3.1 Ansgar Franz, Klage als Ernstfall des Betens. Zur Vigilfeier „Hoffnung wider alle Hoffnung. Hiobs Botschaften“ des 93. Katholikentages in Mainz 1998, in: Beten: Sprache des Glaubens – Seele des Gottesdienstes. Fundamentaltheologische und liturgiewissenschaftliche Aspekte. Hg. von U. Willers. Tübingen-Basel 2000, 435–475 (PiLi 15).

2.3.3 Gunda Brüske, unveröffentlicht.

2.3.5 Texte aus dem Hohen Lied: Martin Buber, Die Schriftwerke. Bd. 4. Heidelberg 5. verbesserte Auflage der neubearbeiteten Auflage von 1962, 1980, 345 und 347; Ausschnitt aus dem Gedicht „Die Frage“ von Pablo Neruda, in: ders., Liebesgedichte. Darmstadt ^{5}1980, 59; Zusammenstellung Gunda Brüske, unveröffentlicht.

2.4.1 Reinhard Hauke, Herzlich eingeladen zum Fest des Glaubens ... Projekte für Christen und Nicht-Christen. Leipzig 2009, 38f.

2.4.2 Eva Südbeck-Baur, unveröffentlicht.

2.4.2 Fabian Vogt, GoSpecial – ein „etwas anderer“ Gottesdienst. Die Kunst, für Kirchendistanzierte zu predigen, in: Sonntäglich. Zugänge zum Verständnis von Sonntag, Sonntagskultur und Sonntagspredigt. FS Ludwig Mödl. Hg. von U. Roth u.a. München 2003, 329.

2.4.5 Redaktion der Arbeitshilfe.

2.5 Liturgie ist jugendgemäß, wenn ... (s. o. bei 2.3) 23.

2.5.1 Guido Fuchs, Gottesdienst oder Kitsch? Segnungsfeiern am Valentinstag, in: Gd 39. 2005, 186f.

4.1.2 SC Nr. 61.

4.1.2 Karl-Heinrich Bieritz, In Techno Deo Gloria – Christlicher Gottesdienst vor den Herausforderungen zeitgenössischer Kultur, in: Heute Gott feiern. Liturgiefähigkeit des Menschen und Menschenfähigkeit der Liturgie. Hg. von B. Kranemann u.a. Freiburg u.a. 1999, 67.

4.1.2 Ulrich Kuhnke, zit. nach M. Lätzel, Den Fernen nahe sein (s. o. bei 1.1.3) 141.

4.1.3 Martin Lätzel, Den Fernen nahe sein (s. o. bei 1.1.3) 186 und 167.

4.2 Fulbert Steffensky, „Der Seele Raum geben – Kirchen als Orte der Besinnung und Ermutigung“. Broschüre der EKD. Hannover 2003, 12.

5.6 Bildnachweise

3.1.1 Plakat Literaturgottesdienst Luzern 2009 © Liturgisches Institut der deutschsprachigen Schweiz, Freiburg

3.1.2 Foto Literaturgottesdienst Luzern 2009 © Thomas Lang, Luzern

3.2.2 Foto Kerzenprozession © Johannes Seyerlein, München

3.3.2 Foto Band © kathbild.at/Rupprecht

3.3.2 Foto Brillen © Katholische Jugend Wien, Helmut Jilka